Zentralen für **ZpB**
politische Bildung

Die Autorin, der Autor

Sophia Bock promoviert nach ihrem abge-schlossenen Lehramtsstudium (Fächer: Geo-graphie, Deutsch, Bildungswissenschaften; Gymnasiallehramt, Schwerpunkt Sek. II) an der Universität Potsdam zum Thema Ver-schwörungsideologien als Herausforderung für Schulen und Lehrkräfte.

Wilfried Schubarth hatte bis zu seiner Eme-ritierung (2021) eine Professur für »Erzie-hungs- und Sozialisationstheorie« im Bereich Bildungswissenschaften der Universität Pots-dam inne. Seine Arbeitsschwerpunkte: Jugend-, Schul- und Bildungsforschung, vor allem Ge-walt und (Rechts)Extremismus, Werte- und Demokratiebildung, Lehrkräftebildung, Hoch-schulforschung. Er ist Mitbegründer und -her-ausgeber der Reihe »Brennpunkt Schule«.

Sophia Bock
Wilfried Schubarth

Basiswissen
Verschwörungsmythen

Ein Leitfaden für Lehrende
und Lernende

Verlag W. Kohlhammer

1. Auflage 2022

Alle Rechte vorbehalten
© W. Kohlhammer GmbH, Stuttgart
Gesamtherstellung: W. Kohlhammer GmbH, Stuttgart

Sonderauflage für die Zentralen für politische Bildung. Die im Buchhandel erhältliche reguläre Verlagsausgabe trägt die
ISBN 978-3-17-041246-0.

Inhaltsverzeichnis

Vorwort   9

Teil I   **Theorie: Altes in neuem Gewand.**
Zur Geschichte, Theorie und Empirie von
Verschwörungsmythen

1   **Es ist ein Hoax! Was sind**
Verschwörungsmythen?   **13**

1.1   Begriffe, Definitionen und Begriffshistorien   14
1.2   Der »Verschwörungsbaukasten«   20
1.3   Verschwörungsvielfalt –
Kategorisierungsversuch   23

2   **Hysterie in Historie und Gegenwart –**
Woher kommen Verschwörungsmythen?   **30**

3   **Paranoide Menschen oder kranke**
Gesellschaft? Ursachen für
Verschwörungsgläubigkeit   **42**

4   **Verschwörungen überall? Studien zur**
Verbreitung von Verschwörungserzählungen   **59**

| 5 | **Rechts, links oder geradeaus?** | |
| | **Gefährdung der Demokratie** | **75** |

5.1	Verschwörungsmythen von »rechts«	76
5.2	Verschwörungsmythen im Kontext von	
	Demokratie-, Fremdenfeindlichkeit und	
	Gewalt – Empirische Befunde	85
5.3	Verschwörungsmythen in rechtsextremen	
	Medien	97
5.4	Verschwörungsmythen von »links«	105
5.5	Zwischen realen Verschwörungen und	
	legitimer Gesellschaftskritik –	
	Abgrenzungsversuch	111

**Teil II   Praxis: Verschwörungsmythen in
Schule und Gesellschaft begegnen**

| 6 | ***FakeLess*** **– Eine Handreichung** | |
| | **gegen Verschwörungsideologien** | **119** |

6.1	Ziele und Begründung	121
6.2	Konzeptaufbau	123
6.3	Umsetzung in der Schulpraxis	137

| 7 | **Verschwörungsmythen als** | |
| | **Herausforderung für Schulen** | **142** |

7.1	Verschwörungsmythen – Relevanz für	
	Lernende	143
7.2	Umgang mit Verschwörungsmythen –	
	Aufgabe von Schule?	149

7.3   Verschwörungsmythen – Herausforderung
        für Lehrkräfte und Lehrkräftebildung   152

**8   Umgang mit Verschwörungsglauben –
        Empfehlungen für die Jugendarbeit   155**

Frank Winter

**9   Verschwörungsglaube als Herausforderung
        im privaten Umfeld   162**

**10   Verschwörungsmythen begegnen –
        Eine gesamtgesellschaftliche Aufgabe   169**

Resümee und Ausblick   176

Anhang   183

Begleitmaterialien zur Fortbildung   183
Weiterführende Links   192
Literaturverzeichnis   193

Vorwort

Anlass für das vorliegende Buch ist die seit der Corona-Pandemie zunehmende Wahrnehmung von Verschwörungsmythen. Sie haben ein großes Publikum gefunden, mobilisieren Demonstrationen und provozieren Gewalttaten. Der Einfluss rechtsextremer Kräfte wird zu einer Gefahr für die Demokratie. Auch Jugendliche nehmen Verschwörungserzählungen vermehrt wahr. Etwa einem Drittel wird eine Verschwörungsmentalität bescheinigt. Auch ein Teil ihrer Eltern und Lehrkräfte sind verschwörungsgläubig. Vor diesem Hintergrund kommt dem Bildungs- und Erziehungssystem, insbesondere der Schule, eine besondere Rolle im Umgang mit Verschwörungsmythen zu.

Der Band folgt dem Anspruch der Buchreihe, ein aktuelles Phänomen auf dem Stand der Forschung aufzubereiten und pädagogische Gegenstrategien und Fortbildungsangebote abzuleiten. Eine fundierte didaktische Aufarbeitung setzt eine wissenschaftsbasierte Darstellung des Phänomens voraus.

In Teil I (Theorie) wird ein interdisziplinärer Zugang zum Thema (Begriffsdefinitionen, historische Genese u. a.) gewählt. Einen besonderen Fokus bildet der Zusammenhang von Verschwörungsmythen und Rechtsextremismus im Kontext der Medienentwicklung. Darüber hinaus werden empirische Studien zur Verbreitung von Verschwörungserzählungen einbezogen sowie Konsequenzen für die Prävention abgeleitet. Der erste Teil stellt somit das Basiswissen für Lehrende und Lernende dar.

In Teil II (Praxis) wird das Fortbildungskonzept *FakeLess* zum Umgang mit Verschwörungsmythen vorgestellt, das Lehrkräften konkrete Hilfestellung beim Unterrichten gibt. Hierzu wurde umfassendes Handreichungsmaterial (Didaktischer Kommentar, Kopiervorlagen, begleitende PowerPoint-Präsentation u. a.) entwickelt. Im Schulalltag bleibt, nicht nur während einer Pandemie, wenig Zeit für größere (fächerübergreifende) Projekte. Zu hoch ist der organisatorische Aufwand und zu gering sind die Ressourcen, sich in das Thema einzuarbeiten. Aufgrund der Vielfalt von Verschwörungserzählungen lassen sich jedoch in jedem Unterrichtsfach konkrete Zugänge herstellen, die als anlassbezogene *Intervention* oder *Prävention* in wenigen Unterrichtsstunden realisierbar sind. *FakeLess* richtet sich sowohl an Einsteiger:innen als auch an Fortgeschrittene, die Anregungen für die konkrete Unterrichtsplanung benötigen, um zu Expert:innen zu werden. Durch die Diskussion fiktiver und realer Fallbeispiele ist auch kollegiale Fallberatung Teil des Konzepts. *FakeLess* kann auch auf andere Berufsgruppen wie Sozialpädagog:innen oder Erzieher:innen übertragen werden.

Darüber hinaus wird die Relevanz des Themas auf verschiedenen gesellschaftlichen Ebenen betrachtet. Konkrete Fallbeispiele und praktische Tipps, auch für das familiäre Umfeld und die Jugendarbeit sowie die Einordnung aller Aspekte in den gesamtgesellschaftlichen Kontext, bilden den Abschluss des Bandes, der durch mehrdimensionale Perspektiven und die Verknüpfung von Theorie und Praxis einen Beitrag zur Demokratiebildung in Schule und Gesellschaft leisten will.

Wir würden uns freuen, wenn wir mit unserem Band Lehrkräften und alle am Thema Interessierten zur Auseinandersetzung mit Verschwörungsmythen motivieren könnten, denn »Der Umgang mit Desinformation und Verschwörungserzählungen wird eine der größten Herausforderungen dieses Jahrzehnts werden« (Lamberty in Leber, 2021).

Potsdam, im Sommer 2021
Sophia Bock und Wilfried Schubarth

Teil I

Theorie: Altes in neuem Gewand. Zur Geschichte, Theorie und Empirie von Verschwörungsmythen

1

Es ist ein Hoax! Was sind Verschwörungsmythen?

In diesem Kapitel werden die vielfältigen Begriffe des Phänomenbereichs sowie der *Verschwörungsmythos* als unser Leitbegriff unter Einbeziehung der Begriffshistorie näher bestimmt. Darauf aufbauend werden typische Bausteine einer *Verschwörungserzählung* beschrieben und mit Hilfe eines »Verschwörungsbaukastens« dekonstruiert. Abschließend wird versucht, die Vielzahl der Verschwörungserzählungen mit Hilfe eines Kategorienschemas zu ordnen bzw. zu klassifizieren.

1.1 Begriffe, Definitionen und Begriffshistorien

Das in diesem Buch fokussierte Phänomen wird als Verschwörungsmythos bezeichnet und gehört zu einem facettenreichen semantischen Themenfeld, weshalb Begriffsklärungen notwendig und hilfreich sind. Hinzu kommt, dass die Thematik politisch sehr brisant ist, da sie an kontroverse politische Grundsatzdebatten anschließt und vorhandene (Macht-)Strukturen zu delegitimieren versucht. Dadurch werden die Analysen bezüglich des Phänomenbereichs und die verwendeten Begriffe stets selbst Teil dieser gesamtgesellschaftlichen Auseinandersetzungen. Das hat sich insbesondere während der Corona-Pandemie gezeigt.

Die große Begriffsvielfalt zeigt die Übersicht der in diesem Feld verwendeten Begriffe. Die Übersicht basiert auf Google-Suchanfragen und deren jeweilige Treffer. Die Anzahl spiegelt sich in der Größe der Darstellung wider (▶ Abb. 1).

Verschwörungs**ideologie**
113.000   Verschwörungs**erzählung**
Verschwörungs**mythos**   **142.000**
345.000   Verschwörungs**fantasie**
9.340   Verschwörungs**narrativ**
5.890

Verschwörungs**theorie**

Verschwörungs**mentalität**   **752.000**   Verschwörungs**glaube**
6.370   **11.000**

Verschwörungs**denken**   Verschwörungs**lüge**
23.500   15.100

Abb. 1: Verschwörungsbegriffe und deren Verwendungshäufigkeit (Trefferanzahl bei Google-Suche; eigene Darstellung [Stand: 10.06.2021])

Der mit Abstand am häufigsten verwendete Begriff ist der Begriff der *Verschwörungstheorie*. Es folgen *Verschwörungsmythos, Verschwörungserzählung und Verschwörungsideologie*. Diese Begriffe haben sich offenbar im Diskurs etabliert. Weniger häufiger verwendet werden Verschwörungsdenken, -lüge, -fantasie, -glaube, -mentalität oder -narrativ, wobei letzteres ein Synonym für -erzählung ist. Zu unterscheiden ist dabei zwischen Inhalten, z. B. Verschwörungsmythen und -erzählungen, und Persönlichkeitsmerkmalen, z. B. Verschwörungsdenken oder -mentalität. Einen Sonderfall stellt die *Verschwörungslüge* dar: einerseits Tautologie (Wortdoppelung), andererseits ein Begriff bzw. eine Annahme aus der Szene der Verschwörungsgläubigen, dass über Verschwörungen Lügen verbreitet werden. Daher erscheint bei der Google-Suche als erster Treffer eine gleichnamige Publikation eines in der Szene bekannten Verlages (Panta, 2020).

Zur Begriffshistorie

Der Terminus Verschwörungstheorie wird im Zyklus moderner Aufmerksamkeitsökonomie inflationär verwendet. Spätestens seit den Anschlägen des 11. September 2001 auf das *World Trade Center* in New York taucht die Verschwörungstheorie als geflügeltes Wort auf. Der Ursprung des Begriffs ist nicht eindeutig belegbar und selbst Gegenstand von Verschwörungsnarrativen. Erstmalig lässt sich die englische Variante *conspiracy theory* in der US-amerikanischen Presse 1881 nach dem Mordanschlag auf den damaligen Präsidenten James A. Garfield nachweisen. Die Tat ereignete sich im politischen Klima eines Landes, das sich immer noch von dem 1868 beendeten Bürgerkrieg erholte. Nach der Tat wurde der Verdacht geäußert, wahlweise ehemalige Unionisten oder Konföderierte hätten das Attentat in die Wege geleitet (McKenzie-McHarg, 2018).

Eines der wohl prominentesten Narrative bezieht sich auf die Aufarbeitung des Attentates auf den 35. Präsidenten der USA John F. Kennedy im Jahr 1963. Dabei gab es viele Unklarheiten und Verdächtigungen. Als Antwort auf diverse Vorwürfe wurde von Seiten der ermittelnden Behörden der Begriff der *conspiracy theory* geprägt, um von der offiziellen Version der Ereignisse abweichende Theorien rund um das Attentat zu diskreditieren. So etablierte sich mit der Zeit der Begriff als Abwertung für Theorien, die die Regierungsnarrative hinterfragen. Wie der Religionswissenschaftler Michael Blume in seiner Arbeit zur Phänomenologie der Verschwörungsmythen beschreibt, könnte dieses Narrativ zur Genese des Begriffes selbst wiederum Teil einer Verschwörungserzählung sein, die den öffentlichen Diskurs über Verschwörungstheorien als Teil eines Programms zur Unterdrückung regierungsfeindlicher Meinungen diskreditieren sollte (Röther & Blume, 2020).

Im deutschen Sprachgebrauch tauchte der Begriff erst später auf. Die erstmalige Verwendung wird zwar bereits 1787 in einem Dokument zur »Jakobiner-Verschwörung« erwähnt, findet jedoch keine massenmediale Verbreitung (Giese, 1784). 1945 verwendete der Wissenschaftsphilosoph Karl Popper in seinem Werk »Die offene Gesellschaft und ihre Feinde« den Ausdruck der »Verschwörungstheorie der Gesellschaft«, womit er sich auf Denkmuster bezieht, die gesellschaftliche Umbrüche gewissen dunklen Mächten, wie etwa einem imaginären »Weltjudentum«, zuschreiben (Popper, 1992). Diese kritische Betrachtungsweise findet sich auch im »Wörterbuch der Soziologie« von 1982, welches Verschwörungs- bzw. Konspirationstheorien als Machtinstrument beschreibt, dessen zentrale Funktion darin bestehe, die Symptome strukturellen oder personellen Versagens in einem Machtsystem – etwa in Form eines offenen Machtkonfliktes – einer (fiktiven) Gruppe von Verschwörer:innen zuzuschreiben, deren Handeln ein ansonsten stabiles System untergrabe (Hartfiel & Hillmann, 1982).

In der jüngsten Vergangenheit haben sich zahlreiche Wissenschaftler:innen unterschiedlicher Fachdisziplinen intensiv mit diesem Phänomen auseinandergesetzt. Im Rahmen seiner Dissertation benennt der Psychologe Sebastian Bartoschek (2017) zentrale Merkmale einer Verschwörungstheorie: »[...] jeder Versuch [...] ein Ereignis, einen Verlauf, eine Überzeugung oder einen Zustand durch das zielgerichtete heimliche Wirken einer Gruppe von Personen zu erklären«

(Bartoschek, 2017, S. 22). »Gruppe« meint hierbei mindestens zwei Personen, deren Wirken im Kontext von Verschwörungstheorien grundsätzlich als illegitim und/oder illegal wahrgenommen wird. Mit konspirativen, der Allgemeinheit schädlichen Handlungen einer kleinen, oftmals als elitär beschriebenen Gruppe fasst Bartoschek die Grundbausteine des Phänomens Verschwörungstheorie auf (Bartoschek, 2017). Diese Definition deckt sich mit anderen aktuellen Definitionen, wie denen der Ökonomin, Bürgerrechtlerin und Netzaktivistin Katharina Nocun und der Psychologin Pia Lamberty sowie des amerikanischen Philosophen Brian Lee Keeley (Keeley, 1999; Nocun & Lamberty, 2020).

Der Amerikanist Michael Butter bezieht sich auf die Definition des amerikanischen Politikwissenschaftlers Michael Barkun und erweitert die Definition des Begriffs Verschwörungstheorie, indem er ihr drei wesentliche Eigenschaften zuschreibt: Es geschieht *erstens* nichts durch Zufall. *Zweitens* ist nichts so, wie es scheint, und *drittens* ist alles miteinander verbunden (Butter, 2018).

Da sich »Verschwörung« und »Theorie« im wissenschaftlichen Sinne widersprechen, wird der Begriff Verschwörungstheorie zunehmend abgelehnt. Nach dem Politologen Samuel Salzborn geht es nicht um die evidenzbasierte Erklärung tatsächlicher Vorkommnisse, sondern um die Überbrückung von Differenzen zwischen politisch-gesellschaftlichen Realitäten und weltanschaulichen Idealvorstellungen. Diese Verschwörungsfantasien seien vielmehr weitgehend geschlossene Weltbilder, die auf Basis von Glauben und nicht von Evidenzen operierten (Salzborn, 2019). Der australische Philosoph David Coady verweist darauf, dass für Verschwörungstheorien ein negatives Framing der jeweiligen Verschwörergruppen und die machtbasierte Manipulation zentrale Merkmale seien (Coady, 2003).

Nach Nocun und Lamberty ist »[e]ine Verschwörungserzählung [...] eine Annahme darüber, dass als mächtig wahrgenommene Einzelpersonen oder eine Gruppe von Menschen wichtige Ereignisse in der Welt beeinflussen und damit der Bevölkerung gezielt schaden, während sie diese über ihre Ziele im Dunkeln lassen« (Nocun & Lamberty, 2020, S. 18). Gemeint ist hier ein konkretes Narrativ, etwa das angesprochene Kennedy-Attentat. Diese Narrative speisen sich bewusst oder unbewusst, direkt oder indirekt aus Verschwörungsmythen. Der Mythos ist zunächst ein abstraktes Narrativ, welches in seiner Realitätskonstruktion ein oftmals ähnlich geschlossenes Weltbild vermittelt, wie es bei religiösen Vorstellungen der Fall sein kann.

Einer der wohl langlebigsten und in seiner Konsequenz auf vielfältige Art zerstörerischste Verschwörungsmythos ist wohl der der »Jüdischen Weltverschwörung«. Das Grundmotiv der Juden als destruktive, im Verborgenen wirkende Macht entzieht sich dabei jeder Logik oder Beweisführung und wird zum kausalen Versatzelement, das in unzählige Sachverhalte narrativ eingestrickt werden kann, so geschehen bei den großen europäischen Pestwellen ebenso wie in der Weltwirtschaftskrise nach 1929 (► Kap. 2). Die Narrative, die diesen Mythos in ihre Struktur einpflegen, müssen keineswegs miteinander kohärent oder in ihrer Zielrichtung einstimmig sein. Antisemitische Elemente in Verschwörungserzählungen finden sich sowohl in religiösen Kontexten als auch in rechts- wie linksextremen Kreisen (Nocun & Lamberty, 2020) (► Kap. 5).

Neben den inhaltlichen Abgrenzungsmerkmalen ergeben sich auch solche, die sich auf die Verhaltenskomponenten beziehen. Dabei wird zwischen der Verschwörungsmentalität bzw. dem Verschwörungsglauben und der Verschwörungsideologie unterschieden. Erstgenannte beziehen sich auf die psychologischen, soziologischen und theologischen Dispositionen der Anhänger:innen. Grundannahme ist hierbei die Persönlichkeitseigenschaft, sich selbst als »erwacht« gegenüber anderen »Schlafschafen« zu bezeichnen. Die positive Überhöhung durch den Glauben an eine Verschwörungserzählung ist zentrales Merkmal, den der bzw. die Gläubige unter Gleichgesinnten empfindet. Sofern eine problematische weltanschauliche Komponente hinzukommt und konkrete Leitbilder sozialer Gruppen und/oder Organisationen totalitär durchgesetzt werden sollen, entwickelt sich aus dem Verschwörungsglauben bzw. der Verschwörungsmentalität eine Verschwörungsideologie. Diese wird meist von Gruppen oder Bewegungen genutzt, um die Ideologie zu verbreiten. Beispielhaft ist hier die Bewegung der Querdenker zu nennen, bei der sich ganz unterschiedliche Akteure (Impfgegner:innen, (Rechts)Esoteriker:innen, Corona-Leugner:innen, Reichsbürger:innen u. a.) zusammenschließen (Zentrum Ökumene, Koch & Blöser, 2021).

Die verschiedenen Begriffsbestimmungen haben wir in eine eigene zusammenfassende Übersicht integriert (▸ Abb. 2). Die drei übergreifenden Merkmale – 1) Nichts geschieht durch Zufall, 2) Nichts ist, wie es scheint, und 3) Alles ist miteinander verbunden – durchdringen sowohl die Inhalte von Verschwörungsmythen, -erzählungen usw. als auch die Denk- und Verhaltensweisen der jeweils Betroffenen. Grundlegend ist dabei die Annahme, dass das jeweilige Ereignis durch das Wirken geheimer Mächte erklärt wird. Während Verschwörungsmythos eher ein abstraktes, übergeordnetes Narrativ bezeichnet, stellen Verschwörungserzählungen jeweils ganz konkrete Narrative dar (▸ Kap. 1.3).

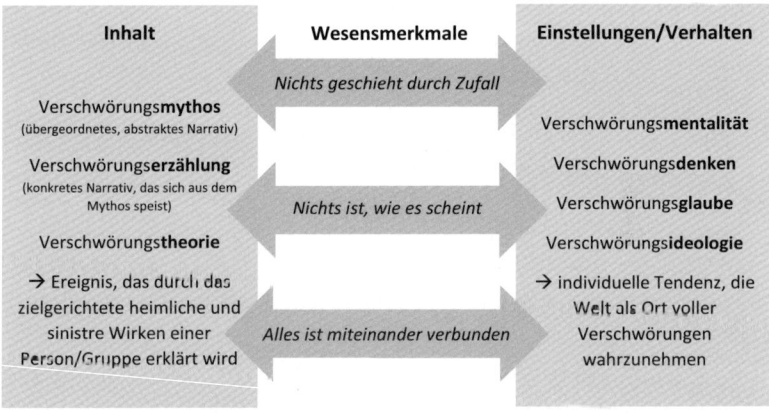

Abb. 2: Begriffseinordnung (eigene Darstellung, angelehnt an Barkun, 2006; Butter, 2018; Nocun & Lamberty, 2020)

Das vorliegende Buch fokussiert sowohl auf Verschwörungsmythen als auch deren exemplarische Beispiele konkreter Verschwörungserzählungen. Zugleich geht es – mit Blick auf Jugendliche und Schule – auch um Persönlichkeitsdimensionen wie die der Verschwörungsideologie und um Möglichkeiten, die Resilienz gegenüber Verschwörungsnarrativen zu erhöhen.

1.2 Der »Verschwörungsbaukasten«

Doch wie genau funktioniert eine Verschwörungserzählung? Was sind ihre Bestandteile? Steht dahinter ein Konzept? Die Antwort: Ja. Die Autor:innen Raab et al. (2017) bezeichnen dieses Konzept als »Verschwörungsbaukasten«, mit dem sich Verschwörungserzählungen dekonstruieren lassen, denn: »Eine Verschwörungstheorie besteht aus psychologisch wirksamen narrativen Bausteinen. Wenn wir uns die Einzelteile vor Augen führen, verstehen wir besser, warum Menschen immer wieder auch eher wackeligen Konstruktionen Glauben schenken« (Raab et al., 2017, S. 213).

Nur wenn die einzelnen Bausteine identifiziert werden können, ist auch die Überprüfbarkeit und Argumentation mit Fakten im Rahmen der *Prävention* und der Umgang mit Verschwörungsgläubigen möglich – sofern diese dafür (noch) zugänglich sind.

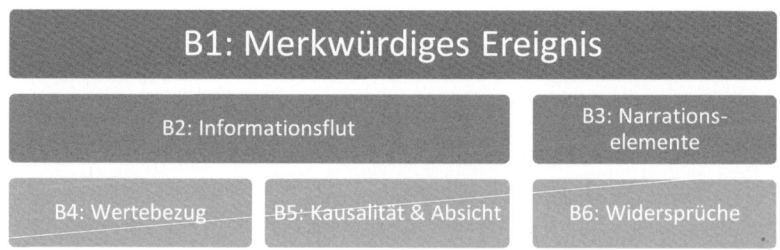

Abb. 3: Bestandteile einer Verschwörungserzählung (eigene Darstellung angelehnt an Raab et al., 2017)

Es braucht zunächst ein merkwürdiges Ereignis (Baustein 1). Merkwürdig deshalb, weil es zunächst eine Erklärungslücke im Hinblick auf dieses Ereignis oder Geschehen zu geben scheint. Dies hängt maßgeblich von den zur Verfügung stehenden Informationen, der Art der medialen Berichterstattung über das Ereignis und den persönlichen Kenntnissen, Erfahrungen und dem Grad der persönlichen Betroffenheit ab, ob eine Begebenheit und als wie merkwürdig sie wahrgenommen wird. Oft stehen nur einzelne, mitunter widersprüchliche Informationsversatzstücke zur Verfügung, deren Einordnung unterschiedlich sein kann und deren Leerstellen individuell gefüllt werden.

Baustein 2 ergibt sich aus einer Informationsflut zu dem als merkwürdig wahrgenommenen Ereignis, wobei der Fantasie im Hinblick auf die Entwicklung einer Verschwörungserzählung keine Grenzen gesetzt sind. Oft werden dabei die offiziellen Fakten mit angeblichen Unterstellungen von Wissen und geheimen Machenschaften der offiziellen Stellen (Behörden, Regierungen, Geheimdienste u. a.) gegenübergestellt und somit Zweifel an der Wahrheit der Aussagen gesät. Aus dieser Informationsflut setzt dann automatisch das Bedürfnis ein, diese ordnen zu wollen, um eine plausible Erklärung für das merkwürdige Ereignis zu generieren – ein an sich zunächst überlebenswichtiger und notwendiger Prozess. Aufgrund der individuellen und damit beliebigen Bewertung und Kontextualisierung der Fakten ergibt sich aber auch die große Gefahr der Manipulation. Die Unübersichtlichkeit der Informationen regt verschiedenste Gruppen – vor allem Rechtsextreme – mitunter zur Durchsetzung ihrer Einzelinteressen an, indem sie die Informationsflut um weitere propagandistische Fehlinformationen ergänzen, um die Verunsicherung zu verstärken bzw. im Sinne der Aufmerksamkeitsökonomie für ihre Zwecke zu nutzen.

Jede Verschwörungserzählung weist meist mehrere, sich mitunter auch aus anderen hinzugezogenen Narrativen bedienende Elemente auf (Baustein 3). Teil dieser Narrative für die Begründung der Verschwörung sind angebliche Beweise (Bilder, Zitate, Augenzeugenberichte etc.), die idealerweise auch öffentlich zugänglich sind und somit die (Schein-)Seriosität einer Quelle für sich beanspruchen.

Hinzukommen Hinweise der Verschwörungsgläubigen auf die angebliche Intransparenz im Hinblick auf das Handeln öffentlicher Institutionen, Organisationen und Nachrichtendienste, denen selbst das Attribut der heimlichen Verschworenen zugeteilt wird – mit der Kontrastfunktion zur eigenen Verschwörungserzählung. Als Ergänzung wird wiederum die allumspannende Komponente des Mythos hinzugezogen, bei dem meist auf Geheimbünde/-gesellschaften/ -organisationen verwiesen wird – häufig mit antisemitischen und rechtsextremen Bezügen.

Wesentliches Element von Verschwörungserzählungen ist Baustein 4, der Wertebezug. Da es nachgewiesenermaßen keine sogenannte Verschwörungspersönlichkeit gibt (▶ Kap. 3), sondern grundsätzlich jeder Mensch für den Glauben an Verschwörungserzählungen anfällig ist, kommt es vor allem darauf an, inwiefern sich eine Person in ihren Werten bedroht sieht, insbesondere dann, wenn die am merkwürdigen Ereignis beteiligten Gruppen und Akteure entgegen den eigenen Wertvorstellungen handeln. Wichtig ist hierbei in der Analyse deren Werte zu benennen und den eigenen Wertvorstellungen gegenüberzustellen. Dadurch lässt sich beurteilen, wie tiefgreifend die Erschütterung des eigenen Weltbildes ist, denn: »Eine Verschwörungstheorie wird umso erfolgreicher sein, je mehr Menschen sie es erlaubt, die eigenen Werte und Überzeugungen als bedroht anzusehen« (Raab et al., 2017, S. 220).

Kausalität und Absicht (Baustein 5) beschreiben die näheren Umstände, durch die das merkwürdige Ereignis eingetreten ist. In Studien wurde nachgewiesen, dass Menschen eher zum Glauben an eine Verschwörungserzählung tendieren, wenn die Akteure und Gruppen angeblich aus direktem Vorsatz handeln oder gehandelt haben. Ist das Verhalten hingegen eher fahrlässig bzw. wird absichtlich kein Ziel verfolgt, gibt es auch keine konkrete Kausalität und somit eine geringere Tendenz, aus den Ereignissen Verschwörungserzählungen zu entwickeln: »Steht der Vorwurf des Vorsatzes im Raum, dann sind die Leute signifikant dazu geneigt, [...] eine Verschwörungsabsicht zu unterstellen, während die Verschwörungsskeptikerinnen und -skeptiker diese Ansicht nun umso stärker ablehnen. Wenn der Vorwurf der fahrlässigen Handlung im Raum steht, passiert hingegen nichts« (Raab et al., 2017, S. 223). Es kommt bei der Manipulation also maßgeblich auf die bewusste Selbstreflexion und den Wertebezug an. Mit Wertebezug ist das generelle Misstrauen, das Unterstellen von »bösen Absichten« gemeint.

Widersprüche (Baustein 6) ergeben sich aus allen anderen Bausteinen und machen Verschwörungserzählungen zu dem, was sie letztlich sind: Geschichten. Widersprüche fungieren im Sinne der Aufmerksamkeitsökonomie als konstituierende Elemente, die die Erzählung spannend machen und intellektuell herausfordern. Grundsätzlich sollten diese offenen Fragen und Plattitüden mittels Fakten falsifizierbar sein (Raab et al., 2017).

1.3 Verschwörungsvielfalt – Kategorisierungsversuch

Das Themenspektrum von Verschwörungsmythen ist ebenso weit wie komplex. Hinzukommt der Umstand, dass viele Verschwörungserzählungen mitunter einen wahren Kern besitzen, an dessen Wahrheitsgehalt der Zweifel des Verschwörungsglaubens andockt. Insofern ist zunächst die Einteilung nach dem Philosophen Jan Skudlarek sinnvoll, der zwischen wahren und falschen Verschwörungen unterscheidet und das Verhältnis hinsichtlich der Wissenschaftlichkeit zwischen Fakt und Fake kontrastiert. Beispielhaft lässt sich dies anhand des Verschwörungsmythos um die Arbeit von Geheimdiensten verdeutlichen:

> »Verschwörungserzählungen sind spekulative Geschichten, denen die faktische Basis fehlt. Ein Ratespiel. Und Raten ist nun mal das Gegenteil von Wissen [...] Sie werden nicht durch Verschwörungstheoretiker aufgedeckt, sondern durch faktische Recherche, durch wissenschaftliches Arbeiten oder durch Whistleblowing« (Skudlarek, 2021, S. 208).

Hinzukommt, dass Verschwörungsmythen nicht nur von Einzelpersonen oder Gruppierungen jenseits der Öffentlichkeit verbreitet werden, sondern mitunter auch von politischen Machthaber:innen und Staatsregierungen sowohl in der Vergangenheit als auch gegenwärtig immer wieder politisch instrumentalisiert wurden bzw. werden. Wie stark die Verbreitung von Verschwörungserzählungen ist, zeigen inzwischen zahlreiche Studien (▸ Kap. 4).

Verschwörungsmythen und Verschwörungserzählungen lassen sich kategorisieren und systematisieren, auch wenn die einzelnen Narrative dabei oft vermischt werden und sowohl evolutions- als auch adaptionsfähig sind. Dadurch lassen sich sie sich mitunter mehreren Kategorien zuordnen. Verbindendes Element eines jeden Verschwörungsmythos ist die Wissenschaftsleugnung bzw. Wissenschaftsfeindlichkeit, denn die Anerkennung wissenschaftlicher Fakten und Arbeitsweisen brächte jedes Weltbild einer Verschwörungserzählung zum Einsturz. Folgendes Schaubild unternimmt den Versuch einer Kategorisierung, wobei kein Anspruch auf Vollständigkeit besteht (▸ Abb. 4):

Ein breites Spektrum und große Überschneidungspunkte lassen sich bei den Kategorien *Rechtsextremismus und Antisemitismus* erkennen. Diese Kategorien machen einen Großteil der »etablierten« bzw. bekannten Verschwörungserzählungen aus. Der »Klassiker« ist dabei der Mythos einer »Jüdischen Weltverschwörung«, bei dem davon ausgegangen wird, dass einflussreiche jüdische Familien große Bereiche des Weltgeschehens kontrollieren würden. Daraus resultiert u. a. auch die Verschwörungserzählung des »Great Reset« (Neustart des Weltwirtschaftssystems). Als Beleg dafür dienen die nachweislich vom zaristischen Geheimdienst »Ochrona« gefälschten »Protokolle der Weisen von Zion«, die angeblich bestätigen sollen, dass jüdische Großfinanciers die Kontrolle über den Finanz- und Bankensektor übernehmen und sogar verschiedene Nationen gegeneinander ausspielen wollen (Bartoschek, 2017). Obwohl die Fälschung lange bekannt und bewiesen ist, dienten diese Dokumente sowohl zur Zeit der NS-Diktatur als Legitimation für die Judenvernichtung als auch in jüngster Vergangenheit beim Anschlag auf die Synagoge in Halle,

Antisemitismus

- Jüdische Weltverschwörung
- Great Reset
- Dolchstoßlegende
- Brunnenvergifter
- Weisen Zions
- Bill Gates
- George Soros
- Familie Rothschild
- Auschwitzlüge
- Freimaurer, Illuminaten
- 9/11 (Terroranschläge WTC)

Rechtsextremismus

- Holocaust-Leugnung
- Wahlverschwörung
- Fake News / Lügenpresse
- Klimawandelleugnung
- Reichsbürger
- Identitäre Bewegung
- PEGIDA
- QAnon
- Querdenker
- AfD
- Blut-und-Boden-Ideologie

Verschwörungs-

Antifeminismus

- Incels
- Greta Thunberg / Luisa Neubauer
- Weibliche Prominente (Schauspielerninnen, Influencerinnen, Moderatorinnen, Wissenschaftlerinnen, Politikerinnen u.a.)
- Genderverschwörung

Klimakrise

- Nicht vom Menschen verursacht / Klimawandelleugnung
- Fridays for Future / Greta Thunberg
- Umweltlobby
- Flache Erde
- Ökofaschismus / Ökodiktatur

vielfalt

Esoterik

- Handauflegen
- Wünschelruten
- Heilungskräfte durch Mineralien
- Globuli
- Orgonit Cloudbuster (Wolkenauflöser gegen Chemtrails)
- Demeter

Gesundheit

- Impfskeptik
- Mikrochip-Implantation
- Corona-Leugnung / Corona-Diktatur
- Krebsmythen
- Bill Gates
- HIV / Aids
- Pharmaindustrie
- Chemtrails
- 5G-Strahlung

Abb. 4: Kategorisierung von Verschwörungsmythen und Verschwörungserzählungen

dessen Attentäter sich ebenfalls zu antisemitischen Einstellungen wie der Holocaust-Leugnung und den Glauben an judenfeindliche Verschwörungserzählungen bekannte (Pfahl-Traughber, 2020).

Das Feindbild gegen Juden an sich wird oft auch auf ganz bestimmte Personen(-gruppen) projiziert, so beispielsweise auf die jüdische Bankiersfamilie Rothschild, den jüdischen Philanthropen George Soros, die Geheimbünde der Illuminaten und Freimaurer oder den Microsoft-Gründer Bill Gates – wobei letztgenannter kein Jude ist, sondern das Motiv der Finanzmacht in die antisemitische Verschwörungsmotivik integriert wird. Auch zu dem Anschlag auf das *World Trade Center* am 11. September 2001 in New York – zu dem es eine Vielzahl von Verschwörungserzählungen gibt – existieren Verschwörungserzählungen mit antisemitischen Bezügen. So wird behauptet, dass jüdische Angestellte vor den Anschlägen rechtzeitig gewarnt worden wären und deshalb frei hatten, weshalb es nur wenige jüdische Opfer gab. In der Verbreitung dieser Annahme spielte auch die problematische Berichterstattung der BBC eine tragende Rolle, die anstelle von »Israelis« allgemein von »Juden« sprach und eine viel zu hohe Opferzahl angab (Bartoschek, 2017).

Zum festen Repertoire rechtsextremer Verschwörungsgläubiger, organisiert in Bewegungen (Identitäre Bewegung, Querdenker, QAnon, PEGIDA u. a.) und Parteien (AfD, Der dritte Weg, Die Basis u. a.) oder als Influencer:innen, gehört neben dem Fremdenhass und der Holocaust-Leugnung auch die Leugnung des menschengemachten Klimawandels, die Annahme einer Wahlverschwörung (Wahlen würden absichtlich manipuliert werden) und der Kampfbegriff »Lügenpresse« zur Diskreditierung journalistischer Arbeit der »Mainstream-Medien« als Kontrast zu den eigenen (rechtsextremen) »Alternativen Medien«. Diese Narrative werden in der Argumentationsstrategie Rechtsextremer für die Opferdarstellung und zur Feindbildkonstruktion genutzt. »Die da oben« hätten sich verschworen, würden absichtlich Wahrheiten verschweigen und unverhältnismäßig Freiheitsrechte einschränken. Reichsbürger:innen hingegen erkennen die Bundesrepublik Deutschland nicht als souveränen Staat an. Aus diesem Grund geraten auch sie häufig mit den deutschen Gesetzen in Konflikt, da sie diese nicht anerkennen. Seit 2013 sitzen mit der AfD sogar Verschwörungsideolog:innen im deutschen Bundestag (Weiß, 2017).

Nicht selten bedienen sich die beiden Kategorien Antisemitismus und Rechtsextremismus ähnlichen Grundnarrativen, die dann in verschiedenen Einzelnarrativen thematisch eingegrenzter in Erscheinung treten oder eben in Verbindung mit der jeweils anderen Kategorie gebracht werden. Ähnlich verhält es sich auch mit der Kategorie des *Antifeminismus,* dessen Narrative sowohl viele Verschwörungsmythen mit rechtsextremen als auch mit antisemitischen Ausprägungen beinhalten. Die frauenfeindliche Haltung von sogenannten Incels, also Männer, die Frauen aus verschwörungsideologischen Gründen unterstellen, sie würden ihnen absichtlich Sex, Liebe und Zuneigung verweigern, findet sich auch im Frauenbild von Rechtsextremisten wieder. Oft wird dort auch der Kampfbegriff einer sogenannten »Genderverschwörung« angeführt (Stegemann & Musyal, 2020).

Die Kategorie *Klimakrise* beinhaltet ebenfalls Narrative, die sowohl im Rechtsextremismus als auch beim Antifeminismus vorzufinden sind, da sie inhaltlich anschlussfähig sind. Frauen wie Greta Thunberg oder Luisa Neubauer, die die inzwischen zur globalen Protestbewegung aufgestiegene *Fridays-for-Future*-Bewegung anführen bzw. mitorganisieren, sind aufgrund ihres Geschlechts beliebte Projektionsflächen für eine Vielzahl von Verschwörungserzählungen von Klimawandelleugner:innen und Rechtsextremen geworden, allen voran die AfD. Letztgenannte bezichtigt Politiker:innen anderer Parteien auch gern Teil einer »Umweltlobby« zu sein, die mit der Durchsetzung von Klimaschutzmaßnahmen eine »Öko-Diktatur« errichten und der Bevölkerung ihre Freiheitsrechte rauben wolle (ebd.).

Große Verschwörungsvielfalt findet sich auch im *Gesundheitsbereich.* Gerade das Thema Impfen war und ist in der Corona-Pandemie hoch aktuell, war es aber auch schon einige Zeit davor, sodass die *World Health Organization* (WHO) Impfskeptiker:innen, die die Masern-Impfung verweigern, sogar als globale Bedrohung einstufte. Ebenso gefährlich sind auch Verschwörungserzählungen zur Ursache und Heilungsmethoden von Krebserkrankungen und Aids. Dabei wird oft die Pharmaindustrie zur Projektionsfläche für Verschwörungsglauben, der sinistre und ausschließlich profitorientierte Machenschaften unterstellt werden. Sie würde beispielsweise auf Geheiß der Bundesregierung in sogenannten Chemtrails durch Flugzeuge gesundheitsschädigende Substanzen versprühen, um die Bevölkerung zu manipulieren.

An derartige Narrative finden auch die der *Esoterik* ihre Anknüpfungspunkte. Mittels sogenannter »Orgonit-Säulen«, die als Wolkenauflöser der Chemtrails (Kondensstreifen von Flugzeugen) für viel Geld zu erwerben sind, sei der Schutz vor den versprühten Substanzen gewährleistet. Ähnliche Heilsversprechen geben Verkäufer:innen von heilenden Steinen und Mineralien in der Krebs- und Aidsbekämpfung als »alternative Heilmethoden«. Dass dies keine vereinzelten Hirngespinste sind, beweist der Umstand, dass es hierfür eigens organisierte und gut besuchte Gesundheits- und Esoterikmessen gibt. Gerade der Gesundheits- und Esoterikbereich verdeutlicht nicht zuletzt auch, dass sich mit Verschwörungsglauben viel Geld machen lässt und hinter den verbreiteten Verschwörungserzählungen zwar auch Menschen stehen, die wirklich an das, was sie erzählen und was sie verkaufen, glauben, dabei aber sicherlich auch ein großes ökonomisches Interesse im Vordergrund steht (Nocun & Lamberty, 2020).

Die angeführte Einteilung ist ein Klassifizierungsversuch. Verschwörungserzählungen können nicht isoliert betrachtet werden. Dennoch lässt sich ein thematischer Kern erkennen, der mit bestimmten Motiven operiert und bestimmte Zielgruppen ansprechen will. Viele der Verschwörungserzählungen werden in ihrer dynamischen Verbreitung auch immer wieder umgedeutet und neu interpretiert. Oft ist es sogar so, dass sich zunächst »unschuldige« Erzählungen, beispielsweise aus dem Esoterik-Bereich zu rechtsextremen und/oder antisemitischen Narrativen entwickeln. Jede Verschwörungserzählung ist zunächst als Einzelfall, als konkrete Ausprägung eines Narrativs zu betrachten, deren Einordnung durch das sogenannte »Debunking« (= Enttarnen) mittels des »Verschwörungsbaukastens« (▸ Kap. 1.2) die Zuordnung zu einem Verschwörungsmythos ermöglichen soll. Je komplexer und abstrakter ein Themenbereich ist, desto naheliegender ist die Erfindung einer Verschwörungserzählung, mittels derer sich die Komplexität vereinfachen und das als merkwürdig empfundene Ereignis erklären lässt. Kenntnisse zur Vielfalt und Klassifizierung sind hilfreich, da sich daraus Ansatzpunkte für die *Aufklärung, Intervention* und *Prävention* gegen Verschwörungsdenken ergeben.

Wiederholungsfragen:

- Was sind Verschwörungsmythen und wie lassen sich verwandte Begriffe abgrenzen?
- Was sind die Bausteine einer Verschwörungserzählung?
- Wie lassen sich Verschwörungserzählungen kategorisieren?

2

Hysterie in Historie und Gegenwart – Woher kommen Verschwörungsmythen?

In diesem Kapitel wird die *historische Genese* von Verschwörungsmythen anhand ausgewählter Beispiele dargestellt. Damit soll verdeutlicht werden, dass Verschwörungsglauben kein neues Phänomen ist. Vielmehr sind die Ausprägungen einzelner Narrative vor dem Hintergrund der medialen Entwicklung adaptions- und evolutionsfähig.

Verschwörungsmythen lassen sich bis in die *Antike* zurückverfolgen. Die frühesten Überlieferungen beziehen sich meist auf kleinere Religionsgemeinschaften, die sich in Opposition zur Mehrheitsgesellschaft befanden. Gut dokumentierte Beispiele lassen sich unter anderem im Zuge der Christenverfolgung im römischen Kaiserreich beobachten. Das bekannteste Beispiel ist die angebliche Brandschatzung Roms durch Christen (64 n. Chr.), bei der Kaiser Nero der Erzählung nach absichtlich ein Feuer gelegt haben soll, um die Stadt neu aufzubauen und aus dieser Macht heraus das Christentum zu verbieten bzw. Christen zu verfolgen und umbringen zu lassen (Barrett, 2020).

Ein ähnliches Muster zeigt sich bei antisemitischen Verschwörungsmythen bereits im *frühen Mittelalter*. Der Antisemitismus ist für sich genommen ein Phänomen, dem hier in seiner historischen Bedeutung kaum Rechnung getragen werden kann. Diese Verschwörungsmythen sind die wohl schlimmsten und langlebigsten. Die Bandbreite antisemitischer Verschwörungsmotive, die sich bis heute gehalten haben, ist äußerst divers und taucht in verschiedensten Kontexten immer wieder auf. Häufig stehen sie in direkter Verbindung zu Pogromen und zur systematischen Diskriminierung jüdischer Minderheiten. Dies gilt sowohl für das Motiv des Juden als »Brunnenvergifter«, welches unter anderem in Pest-Narrativen Verwendung fand, welche »die Juden« für Seuchenausbrüche verantwortlich machten, als auch für Verschwörungserzählungen über »Kindsmord« in Bezug auf das jüdische Opferfest (Wetzel, 2012). Die Vorstellung, in jüdischen Gemeinden würden christliche Kinder geopfert, regelmäßig verbunden mit Ritualmord-Motiven und der Vorstellung, dass Kinderblut getrunken würde, findet sich in über die Jahrhunderte permanent wieder – sowohl in der mittelalterlichen Ursprungsvariante, im Zuge verschiedener Pogrome bis in die Neuzeit, in der nationalsozialistischen Hetze gegen Deutsche jüdischen Glaubens als auch in der QAnon-Verschwörung (Amarasingam & Argentino, 2020). In der jeweiligen Variante sind die »Kindsmorde« ein Begleitmotiv, welches die sinistren, in vielen Fällen im Wortsinn teuflischen Bestrebungen der angeblichen Verschwörergruppe deutlich machen sollen. In Verbindung steht dies in der Regel mit einem Hauptmotiv, etwa dem Betreiben »dunkler Magie«, um Ernteausfälle zu erzeugen und die Position jüdischer Händler zu verbessern (Rohrbacher & Schmidt, 1991).

Eine wichtige Phase in der Verbreitung und vor allem politischen Bedeutung von Verschwörungserzählungen waren die *Amerikanische*

und unmittelbar folgend die *Französische Revolution*. Die damit einhergehenden Veränderungen wiesen zwei Ansatzpunkte für diverse
Verschwörungserzählungen auf. Zum einen die Veränderungen der
politischen Machtstrukturen und der Umbruch der gesellschaftlichen
Ideenlandschaft: Die Vorstellung von grundlegenden Freiheiten für
die große Mehrheit gegenüber Klerus und Adel stellt das gesamte
gesellschaftliche Gefüge in Frage. Hinzu kommt das bereits im
vorrevolutionären Umfeld entstandene Klima der geheimen Salons
und konspirativen Gesellschaften, das von absolutistischer Zensur
und omnipräsenter Geheimpolizei geprägt war. Sowohl die moderne
Variante der Freimaurer als auch die der Illuminatenorden sind in
akademischen Kreisen meist aufklärerischer und revolutionärer
Bürgerhäuser entstanden (Cubitt, 2006). Insbesondere von konserva-
tiver Seite wurde revolutionären Umtrieben ein konspiratives Wirken
zugeschrieben, was von der Angst zeugt, die die oberen Schichten
erfasst hatte. Die Geheimgesellschaften, die sich großer Beliebtheit in
bürgerlichen Kreisen erfreuten, wurden zu Fixpunkten einer Vielzahl
von Verschwörungserzählungen (Cubitt, 2006).

Im *19. Jahrhundert* formten sich derartige Verbindungen neu oder
reformierten sich nach historischen oder fiktiven Vorbildern. Ihre
inhaltliche Ausrichtung reichte von pseudoantikem Obskurismus
(Mischung früher wissenschaftlicher Erkenntnisse über Phänomene
wie Elektrizität, Magnetismus, Biologie mit Astrologie, okkulten
Geheimlehren, Formen des Spiritismus) bis hin zu konkreten politischen und religiösen Ideologien. Nach heutigem Wissensstand hatte
keine dieser Organisationen einen maßgeblichen Einfluss auf politische Ereignisse und Revolutionen. Natürlich gab es zahlreiche
wichtige Persönlichkeiten wie etwa George Washington, die Mitglieder in solchen Organisationen waren (in seinem Fall die der
Freimaurer) und deren Handlungen Auswirkungen auf das historische
Geschehen hatten. Jedoch gab und gibt es bis heute keinerlei Hinweise
darauf, dass ihre Handlungen maßgeblich von diesen Organisationen
beeinflusst worden wären. Dennoch erwies sich diese Zeit als prägend
für viele bis heute fortgesetzte Verschwörungsmythen, z. B. auf das
vermutete Wirken der Illuminaten und Freimaurer, die in diesen

Narrativen zu Epochen übergreifenden Mächten verklärt wurden (Frenschkowski, 2007).

Verschwörungsmythen sind historisch gesehen keine bloßen skurrilen Beiprodukte historischer Umbrüche, sondern wesentlicher Bestandteil politischer Diskurse und Ideologien. Im Zuge des im *Europa des 20. Jahrhunderts* erstarkenden militanten Nationalismus finden sich viele aus Verschwörungsmythen abgeleitete Narrative über das Untergraben nationaler Größen durch eine Gruppe von Verschwörer:innen (Juden, Bolschewisten/Kommunisten/Marxisten, Sozialdemokraten). Gerade in der deutschen Geschichte haben sich Verschwörungsmythen als im negativsten Sinne treibende Kräfte und zentrale Bestandteile, insbesondere der nationalsozialistischen Ideologie, erwiesen (Wippermann, 2007).

Eine der wirkmächtigsten Verschwörungserzählungen ist die der sogenannten »Dolchstoßlegende«: Die Vorstellung, die Niederlage Deutschlands im Ersten Weltkrieg und die anschließende wirtschaftliche Katastrophe wären nicht auf politisches und militärisches Versagen und eine Mischung aus nationalistischem Größenwahn bei gleichzeitiger Inkompetenz zurückzuführen, sondern auf das Untergraben der Kriegsbemühungen durch »die Juden« und »die Sozialdemokraten«. Eben jener Verschwörungsmythos einer »Jüdischen Weltverschwörung«, der mit dem Aufkommen der kommunistischen Bewegung und der bolschewistischen Oktoberrevolution mit dem »Gespenst des Kommunismus« vermengt wurde, stellte im NS-Regime die Rechtfertigungsschablone für den Holocaust dar (Neitzel, 2008).

Keine der zu diesem Zeitpunkt präsenten Verschwörungserzählungen war im eigentlichen Sinne neu, sondern es waren Iterationen bekannter Motive in Adaption zu neuen politischen Entwicklungen. Diese Entwicklungen brachen nach dem Ende des Zweiten Weltkrieges keinesfalls ab. Im Klima des Kalten Krieges entsponnen sich Verschwörungserzählungen sowohl in den USA als auch in der Sowjet union bezüglich der Unterwanderung durch Verschwörergruppen (Hecht, 2003). Die konkrete Ausrichtung der Narrative ist stets vom kulturellen Hintergrund abhängig, in dem sie erstmals aufkommen. In den 1980er-Jahren breitete sich z.B. in den USA die sogenannte

»Satanic Panic« aus. Der Begriff ist ein Sammelterm für verschiedene Narrative, die satanistische Geheimbünde sowohl hinter einer Reihe angeblicher (Kinds-)Ritualmorde als auch diverser progressiver politischer Entwicklungen sahen und die im Widerspruch zu den extrem konservativen Ansichten einer durch evangelikale Moralvorstellungen geprägten Gesellschaft standen (Frankfurter, 2003).

Verschwörungsmythen sind ambivalenter Natur: Zum einen gibt es Konstanten, wie etwa die antisemitischen Motive von »Kindsmorden«, »Jüdischen Eliten« und ähnliche Sprachbilder, die sich in verschiedenen Epochen wiederfinden lassen. Zum anderen sind diese Konstanten jedoch kulturell und politisch adaptionsfähig. Besonders deutlich wird dies am erwähnten Beispiel der »Jüdisch-bolschewistischen Verschwörung«. Hierbei wurde das ältere Narrativ des »Jüdischen Großkapitalisten/Arztes/Intellektuellen« bzw. der »Jüdischen Elite« mit dem Aufkommen des antikapitalistischen Kommunismus verbunden. Selbst innerhalb der Logik dieser Narrative ergibt eine konspirative Erzeugung einer antikapitalistischen Bewegung durch eine angebliche kapitalistische Elite keinen Sinn. Dennoch konnten auf diese Weise alte Feindbilder um neue Komponenten erweitert werden. Verschwörungsmythen sind also – jenseits der Grenzen jeder internen Logik oder Kontinuität – gesellschaftlich evolutionsfähig (Neitzel, 2008). Dessen ungeachtet sind Verschwörungsmythen immer auch historische Konstanten. Die Zahl der an sie angelehnten Narrative variiert jedoch stark. Je mehr Veränderungen und Umbrüche eine Gesellschaft erfährt, desto verbreiteter sind Verschwörungserzählungen. Revolutionen, (Bürger-)Kriege, Wirtschaftskrisen, Seuchenausbrüche und ähnliche Ereignisse werden häufig zu inhaltlichen Fixpunkten für das (erneute) Auftreten von Verschwörungserzählungen (van Prooijen & Douglas, 2017).

Auch im *21. Jahrhundert* bedienen sich viele neue Narrative alter Motive und viele Verschwörungserzählungen haben sich inzwischen gewissermaßen als »Klassiker« etabliert. Eine Übersicht hierzu befindet sich im Anhang dieses Buches.

Eine wesentliche Rolle bei der Verbreitung von Verschwörungsmythen spielen die zur Verfügung stehenden Medien, welche als

Verbreitungsvektoren die mögliche Reichweite von Verschwörungserzählungen maßgeblich beeinflussen. Erfindungen wie der Buch-
druck, das Radio oder das Internet zogen enorme mediale Reichwei-
tenvergrößerungen nach sich, die die Verbreitung von Informationen
und Narrativen massiv beschleunigten. Zudem standen und stehen sie
meist in Verbindung mit einem Monopolbruch, also der Aushebelung
einer vorhandenen medialen Verbreitungsstruktur mit klar definier-
ten Einflussgebern. Je zugänglicher ein Medium ist, desto einfacher ist
auch die Verbreitung und umso mehr narrative »Mutationsmöglich-
keiten« bestehen (Craft et al., 2017). Gerade mit dem Beginn des
digitalen Zeitalters haben sich die Möglichkeiten der Verbreitung von
Verschwörungserzählungen um ein Vielfaches erhöht. Der nachfolgende Zeitstrahl setzt Beispiele von Verschwörungserzählungen in
direkten Kontext mit der jeweiligen Medienentwicklung (▶ Abb. 5).

Verschwörungserzählungen in der Corona-Pandemie

In Krisenzeiten haben Verschwörungserzählungen Konjunktur. Sowohl
die Gegenwart als auch die Zukunft sind ungewiss, und alles sehnt sich
nach Rückkehr in die »Normalität« – oder das, was als solche empfun-
den wird. Ein wichtiger Aspekt im Umgang mit einer solchen Krisen-
situation ist die sogenannte Ambiguitätstoleranz, also die Fähigkeit,
Ungewissheit und Widersprüche auszuhalten. Für Menschen, die über
diese nicht oder nur schwach verfügen, ist eine Krise wie die Corona-
Pandemie besonders schwer zu bewältigen. Auch persönliche Faktoren
wie die eigene berufliche Situation oder das eigene Selbstwertgefühl
spielen dabei eine Rolle. Diese Verunsicherung, Angst und Überforde-
rung mit Komplexität kann dann zur Lösungssuche in Verschwörungserzählungen führen (▶ Kap. 3). Der Gut/Böse-Dualismus bzw. das
Freund/Feind-Schema bieten hier eine einfache Lösung an. So überrascht es nicht, dass mit dem Auftreten eines noch unbekannten Virus
auch viele Spekulationen sowohl über das Virus selbst als auch seine
Herkunft auftraten. Diese gingen in den sozialen Medien viral,
mobilisierten zu Demonstrationen (»Querdenker«) und riefen sogar

1452: Erfindung des
Buchdrucks durch
Johannes Gutenberg

- 14. Jahrhundert:
- **Ausbruch der Beulenpest in Europa**
- Beispiel: *Jüdische Brunnenvergifter*

1812: Erfindung der
Buchdruck-Schnellpresse
ermöglicht
Zeitungsdruck
1835: Erfindung
der Fotografie

- 18. Jahrhundert:
- **Französische Revolution**
- Beispiel: *Geheimbünde, Illuminaten, Freimaurer*

1923: Rundfunksendungen
1929: Tonfilme
1933: "Volksempfänger"
ab **1952:** Fernsehsendungen
1977: erster PC
1994: Internet

- 20. Jahrhundert:
- **Ideologie der Nationalsozialisten**
- Beispiel: *Dolchstoßlegende*

ab **2005:**
Internet 2.0
Smartphones
Soziale Netzwerke

- 21. Jahrhundert:
- **Ausbruch der Corona-Pandemie**
- Beispiel: *Bill Gates, Impfskeptik, 5G-Strahlung*

Abb. 5: Zeitstrahl (eigene Darstellung, angelehnt an Mohr et al., 2015)

zu Gewalt gegen Sachgegenstände (5G-Funkmasten, Impfstofftranspor-
te), Institutionen (Krankenhäuser, Impfzentren) und Personen (Politi-
ker:innen, Wissenschaftler:innen; Journalist:innen, Ärzt:innen, Pflege-
personal) auf. Dies zeigt die Gefahr, die von Verschwörungserzählungen
ausgeht, da sie als Legitimationsgrundlage für Gewalt dienen (Amadeu
Antonio Stiftung, 2020). Über diese Ereignisse berichteten sowohl
etablierte als auch »Alternative Medien« – letztgenannte glorifizierten
die Berichterstattung als Erfolg.

Im Folgenden werden die am häufigsten verbreiteten Verschwörungserzählungen zum Corona-Virus dargestellt und hinsichtlich der
Faktenlage erläutert (► Tab. 1):

Tab. 1: Verschwörungserzählungen in der Corona-Pandemie (Amadeu Antonio
Stiftung, 2020)

Verschwörungser-zählung	Fakten
»COVID-19 gibt es gar nicht«	COVID-19 ist real und bedroht Menschenleben [...] Wer behauptet, COVID-19 gäbe es gar nicht, verbreitet nicht nur eine gefährliche Verschwörungser-zählung, sondern ignoriert und verhöhnt das Leid un-zähliger Menschen. Ein Virus ist ein wissenschaftlich untersuchtes, nachweisbares Phänomen, das für das menschliche Auge ohne Hilfsmittel nicht erkennbar ist, und kein mystisches Wesen. Dementsprechend ist es nicht darauf angewiesen, dass Menschen an es glauben, um erheblichen Schaden anzurichten. Im Gegenteil, ein Virus richtet umso mehr Schaden an, je mehr Menschen nicht an seine Existenz glauben und deshalb die nötigen Schutzmaßnahmen ignorieren. [...]
»Maskenpflicht ist Diktatur«	Die Eindämmung einer Pandemie sollte vor allem auf Solidarität basieren [...] Ein Virus zu verbreiten ist kein Grundrecht. Ebenso ist die Pflicht, Abstand zu halten und eine Maske zu tragen, kein Schritt zur Diktatur, sondern zur Ein-dämmung einer Pandemie. Proteste gegen Grundrechts-Einschränkungen sind ein notwendiger Ausdruck von

Tab. 1: Verschwörungserzählungen in der Corona-Pandemie (Amadeu Antonio
Stiftung, 2020) – Fortsetzung

Verschwörungser-zählung	Fakten
	Kritik in liberalen Demokratien, dafür sind jedoch keine Verschwörungserzählungen und Bündnisse mit Rechtsextremen notwendig – beide richten sich gegen eine liberale und demokratische Gesellschaft. [...]
»Das Problem ist nicht COVID-19, sondern 5G-Strahlung«	*Die Pandemie wird nicht durch Vandalismus bezwungen* [...] Einige [dieser] Menschen verbreiten die Behauptung, dass die zu beobachtenden Symptome nicht durch das neuartige Coronavirus ausgelöst würden, sondern durch 5G-Mobilfunkstrahlung. Als Resultat dieses Verschwörungsglaubens, der allen wissenschaftlichen Erkenntnissen zu Corona und zu Mobilfunkstrahlung widerspricht, wurden bereits mehrere Mobilfunkmasten zerstört. Dies lindert jedoch keine COVID-19-bezogenen Probleme, sondern sorgt lediglich für Probleme bei der Netzabdeckung. Diese Art von Vandalismus kann im schlimmsten Fall sogar dazu führen, dass Menschen Probleme haben, den Notruf zu erreichen. [...]
»COVID-19 ist nicht gefährlicher als eine Grippe«	COVID-19 ist lebensbedrohlich und hochgradig ansteckend [...] Wer behauptet, COVID-19 sei nicht gefährlicher als eine Grippe, gefährdet nicht nur sich selbst, sondern eine unüberschaubar große Zahl anderer Menschen. [...] Zum einen konnte bisher noch nicht lange genug an dem aktuellen Coronavirus (SARS-CoV-2) geforscht werden, um zu wissen, bei wem schwere Verläufe zu erwarten sind. Zum anderen – und noch viel wichtiger – ist es inhuman und antizivilisatorisch, Menschen mit einem schwachen Immunsystem zugunsten der Mehrheit – oder schlimmer noch – der Wirtschaft zu opfern. Eine menschenfreundliche Gesellschaft hat den Anspruch, Schwache und Hilfsbedürftige besonders zu schützen und zu pflegen. Jedes Menschenleben ist gleichsam schützenswert, und jede Bedrohung der schwächsten Mitglieder einer Gesellschaft stellt eine Bedrohung der Gesellschaft an sich dar. [...]

Tab. 1: Verschwörungserzählungen in der Corona-Pandemie (Amadeu Antonio
Stiftung, 2020) – Fortsetzung

Verschwörungserzählung	Fakten
»COVID-19 ist Teil eines großen Plans zur Zwangsimpfung«	*COVID-19 ist eine Gefahr für die gesamte Weltbevölkerung* [...] Falsch und verschwörungsideologisch ist die Aussage, COVID-19 sei Teil eines großen Plans, um die Weltbevölkerung durch »Zwangsimpfungen« zu vergiften oder mit Mikrochips auszustatten. Wer eine Verschwörung herbeifantasieren möchte, fördert häufig zudem antisemitische – und im Falle von Corona auch rassistische – Ressentiments. Aus einer globalen Katastrophe wird in ihrer Verschwörungserzählung die böse Tat einer kleinen Gruppe Menschen, die im Geheimen agiert. [...]
»COVID-19 ist die Rache Gottes oder der Natur«	*Die Rechtfertigung einer Pandemie ist menschenfeindlich* [...] Wer die *COVID-19-Pandemie als »Abwehrkampf der Natur« oder gar als »Rache Gottes«* missdeutet, die/der zeigt sich menschlichem Leid gegenüber ignorant. Die Vorstellung von der Natur als einem »Wesen«, das sich von den Menschen, wie von einem Virus, befreien muss, ist eine mystische Vorstellung. Diese Ideologie macht eine problematische Unterscheidung zwischen der reinen, vollkommenen, guten Natur und den bösen, lasterhaften Menschen. Die Natur wird dabei nicht als ein ökologisches Zusammenspiel unterschiedlicher Zellstrukturen begriffen, sondern als ein »Wesen«. Für dieses »Wesen« wird wiederum mehr Mitgefühl aufgebracht als für Menschen, die Gefühle wie Angst oder Einsamkeit empfinden können. Einige religiöse Fanatiker:innen gehen sogar so weit, die Corona-Pandemie als Rache Gottes für Homosexualität und Feminismus zu deuten. [...]
»Alles, was mich verunsichert, ist Teil einer großen Verschwörung«	*Wir können nicht immer alles unmittelbar verstehen* [...] Im Zuge der Corona-Pandemie werden zwei Dinge zugleich deutlich: wie unersetzlich moderne Wissenschaft für unser Leben ist und wie langwierig, komplex und widersprüchlich Forschungsprozesse sein können – und müssen. SARS-CoV-2 ist ein neuartiges Corona-Virus, über das wir in seiner aktuellen Form nur wissen, was seit

Tab. 1: Verschwörungserzählungen in der Corona-Pandemie (Amadeu Antonio Stiftung, 2020) – Fortsetzung

Verschwörungserzählung	Fakten
	seinem Ausbruch erforscht werden konnte. Wir verfolgen in Echtzeit, wie wissenschaftliche Forschung funktioniert. Hypothesen werden aufgestellt, überprüft und ggf. verworfen, ergänzt oder durch treffendere ersetzt etc. Das kann frustrierend sein, ist jedoch die einzige Möglichkeit, ernsthaft Wissenschaft zu betreiben. Wissenschaftler:innen behaupten nicht einfach, sondern erforschen und bilden Komplexität und Widersprüche ab. [...] Eine Gesellschaft braucht Expert:innen, die institutionell kontrolliert und geprüft werden und die über Wissen verfügen, das der Gesellschaft nützt. Darauf müssen wir vertrauen. Das kann anstrengend und verunsichernd sein, insbesondere, wenn die Ergebnisse von so lebenswichtiger Bedeutung sind wie in Zeiten einer globalen Pandemie. Dies sollte jedoch nicht dazu verleiten, Frust und Verunsicherung in Verschwörungsideologien zu kanalisieren. Nach dem Motto: *Alles was mich verunsichert, ist Teil der Verschwörung.*

Auch diese Übersicht verdeutlicht, dass alte wie neue Verschwörungsmythen in die daraus generierten Erzählungen eingebaut oder auf alte Ideologien projiziert werden. Weiterhin wird die Adaptions- und Evolutionsfähigkeit von Verschwörungserzählungen erkennbar: Religiös-extremistische Motive sowie der »Klassiker« der (jüdischen) Weltverschwörung werden bedient, wobei das Merkmal der Wissenschaftsleugnung und -feindschaft dem (Verschwörungs-)Glauben diametral gegenübersteht. Somit wirkt die Corona-Pandemie einmal mehr als Projektionsfläche, Katalysator und Brennglas für gesellschaftliche Tendenzen, die nun verstärkt und beschleunigt in Erscheinung treten und buchstäblich viral gehen.

Wiederholungsfragen:

* Seit wann gibt es Verschwörungsmythen?
* Wie haben sich Verschwörungsmythen entwickelt?
* Welche Verschwörungserzählungen sind in der Corona-Pandemie populär?

3

Paranoide Menschen oder kranke Gesellschaft? Ursachen für Verschwörungsgläubigkeit

In diesem Kapitel werden zentrale *wissenschaftliche Erklärungsansätze für die Anfälligkeit gegenüber Verschwörungserzählungen* vorgestellt und gefragt, was sich daraus für den *Umgang* mit diesen Erzählungen mit Blick auf Kinder und Jugendliche ableiten lässt.

Wenn Strategien gegen Verschwörungsmythen erfolgreich sein sollen, müssen sie bei den Ursachen der Anfälligkeit für solche Angebote ansetzen. Gefragt sind eine möglichst ursachenbezogene *Intervention* und *Prävention*. Deshalb sollen im Folgenden einige ausgewählte Erklärungsansätze für die Anfälligkeit für Verschwörungsideologien vorgestellt und entsprechende Konsequenzen für die

Prävention abgeleitet werden. Die Erklärungsansätze lassen sich verschiedenen Wissenschaftsdisziplinen zuordnen, z. B. Psychologie, Politikwissenschaft, Soziologie oder Erziehungswissenschaften. Da die Anfälligkeit für Verschwörungsglauben multikausal bedingt ist, kann jeder Erklärungsansatz aus seiner Perspektive das Phänomen ein Stück weit erklären. In der aktuellen Debatte überwiegen vor allem psychologische Erklärungsansätze.

Der bedürfnisorientierte Ansatz (Psychologie)

Anfangs ging man in der psychologischen Forschung davon aus, dass Verschwörungsgläubige kognitive Defizite und eine geringere Intelligenz aufweisen würden. Dies ließ sich in empirischen Studien jedoch nicht klar nachweisen (Lamberty & Rees, 2019). Dennoch werden in der Öffentlichkeit Verschwörungsgläubige mitunter schnell als »paranoid« oder »unzurechnungsfähig« dargestellt. Sicher ist es leicht, Menschen mit entsprechenden Ansichten als »Irre« oder »Verrückte« zu deklarieren und sie als nicht diskursfähig zu ignorieren. Dies wäre jedoch fahrlässig: Zum einen gibt es keine Belege, dass Anhänger:innen von Verschwörungserzählungen in signifikantem Maße psychische Erkrankungen aufweisen (Bartoschek, 2017). Zum anderen wird so der Umgang mit dem Phänomen in den psychotherapeutischen Bereich verschoben und andere Möglichkeiten des Umgangs werden ausgeblendet. Dem bekannten Psychiater Manfred Spitzer ist deshalb zuzustimmen, dass der Verschwörungsglaube wohl zum ganz normalen »Arsenal menschlicher Weltverhältnisse« gehört, auch wenn die psychologischen Mechanismen denen des Wahns strukturell verwandt seien (Spitzer, 2015).

Als Konsens in der Psychologie gilt, dass der Glaube an Verschwörungsmythen grundlegende menschliche Bedürfnisse befriedigen soll, die wiederum untereinander im Zusammenhang stehen (Lamberty, 2020; Nocun & Lamberty, 2020). Diese werden im Folgenden näher ausdifferenziert.

Existentielle Bedürfnisse: das Streben nach Kontrolle und Sicherheit

Verschwörungsglaube kann eine Strategie sein, um bei privaten Problemen oder gesellschaftlichen Krisen eigene Ohnmachtsgefühle zu überwinden und die Kontrolle über sich und seine Umwelt (wieder) zu erlangen. Menschen in unsicherer Lage oder nach erfahrenen kritischen Lebensereignissen sind empfänglicher für Verschwörungsdenken und Schuldzuschreibungen. Der Glaube an eine Verschwörung kann somit persönlich sinnstiftend sein und helfen, die eigene, mitunter prekäre Situation leichter zu ertragen. Verschwörungserzählungen bieten demnach eine Erklärung für das Gefühl von Kontrollverlust und Fremdbestimmung in unsicheren Zeiten. Anstatt Zufall oder persönliches Versagen für negative Entwicklungen im eigenen Lebensumfeld verantwortlich zu machen, schaffen sie mit der Gruppe der Verschwörer:innen eine Projektionsfläche, mit der alle negativen Erfahrungen an einen fixen externen Punkt geknüpft werden können. Verschwörungsmythen können auf diese Weise auf individueller Ebene ein Gefühl von Kontrolle und Sicherheit vermitteln (Nocun & Lamberty, 2020).

Soziale Bedürfnisse: das Streben nach einer positiven Selbstwahrnehmung

Neben der Erlangung von Kontrolle kann der Verschwörungsglaube auch helfen, das eigene Selbstwertgefühl zu erhöhen. Das geschieht dadurch, dass man sich im Besitz der »Wahrheit« glaubt und damit den »Unwissenden« (»Schlafschafe«) überlegen sei. Menschen, die ein sehr starkes Bedürfnis nach Einzigartigkeit haben, sind für den Glauben an Verschwörungsmythen anfälliger. So entwickelt sich ein Selbstverständnis, zu den (Vor-)Kämpfer:innen für das »Gute«, für eine bessere Welt und gegen das »Böse« zu gehören. Indem das »Böse« oder der »Schuldige« entlarvt wird, glauben Verschwörungsideolog:innen, die vermeintliche Gefahr abwenden zu können. Dieser Glaube vermittelt ein besseres Selbstwertgefühl. Trotz der Selbstvergewisserung durch Verschwörungsmythen sind deren Auswirkungen auf individuelle Personen nicht gerade positiv. Die Realitätskonstruktion in einem von Verschwörungserzählungen geprägten Weltbild ist durch Antagonismen und ständige diffuse Bedrohung geprägt. Die Folge kann ein negatives, paranoides Lebensgefühl sein (Imhoff & Lamberty, 2018).

Epistemische Bedürfnisse: das Streben nach Verstehen und Komplexitätsreduktion

Der Verschwörungsglaube kann Menschen helfen, sich in einer komplexen Welt leichter zu orientieren und diese für sich zu ordnen. So vermuten Verschwörungsgläubige eher, dass hinter besonderen Ereignissen, wie dem Tod prominenter Personen oder einer plötzlichen Pandemie, eine geheime Verschwörung stecken muss. Gerade gesellschaftliche Krisen, die mit Stress und Verunsicherung verbunden sind, führen zu einem erhöhten Orientierungsbedarf. Da ist es verständlich, wenn nach einfachen Erklärungen gesucht wird. Verschwörungsmythen bieten genau jene einfachen Erklärungen. Sie reduzieren komplexe Geschehnisse wie Seuchenausbrüche auf ein einziges monokausales Erklärungsmodell. Dabei fügen sich alle Geschehnisse in ein binäres Weltbild aus bösen Verschwörer:innen einerseits, denen beliebige Eigenschaften und Absichten zugeschrieben werden können, und der Gruppe der Manipulierten bzw. den Opfern der Verschwörung andererseits. Mit der Agenda der Verschwörungsgläubigen erscheint auch die künftige Entwicklung nicht mehr nebulös, sondern stets im Kontext der angeblichen Interessen dieser konspirativen Gruppe. In einem solchen Weltbild gibt es kaum Raum für Ambivalenzen oder Graustufen. Die Gruppe der Manipulierten/Verschwörungsopfer wird noch differenziert: »Wissende/ Widerständler:innen«, »Nichtwissende/Schläfer:innen/Schlafschafe« (van Prooijen, 2016). Verschwörungsmythen sind nach Samuel Salzborn – angelehnt an religiöse Mythen – glaubensbasiert und funktionieren als geschlossenes Weltbild. Durch diese emotionale Basierung entsteht eine Immunisierung gegen Argumentationsmuster, die mit bloßer Faktendarstellung das Narrativ zu widerlegen versuchen. Jedes Element der Umwelt wird vielmehr in die eigene Erzählung eingebaut und zweckdienlich umgedeutet. Konträre Informationen werden dann als Taktik der Verschwörungsgläubigen erklärt (Salzborn, 2019).

Aus dem bedürfnisorientierten Ansatz leitet sich für die *Prävention* ab, die hinter der Verschwörungsanfälligkeit liegenden Bedürfnisse zu erkennen und ernst zu nehmen. Das heißt auch, alternative Angebote, insbesondere für jüngere (aber auch ältere) Menschen, zu entwickeln bzw. auszubauen. Hier sind Schule und Jugendhilfe, aber auch die Familienbildung, gefragt.

Frank Winter: Vorbewusste Abwehr psychischer Konflikte (Psychoanalyse)

Die Psychoanalyse ist einerseits eine psychotherapeutische Behandlungsform für Kinder, Jugendliche und Erwachsene und gleichzeitig seit ihrem etwa 125-jährigen Bestehen Entwicklungs- und Gesellschafts- bzw. Kulturtheorie. August Aichhorn (1925) und Siegfried Bernfeld haben vor etwa 100 Jahren eine sehr eigenständige Tradition psychoanalytischer Sozialarbeit begonnen und theoretisch fundiert, die in vielen deutschen, österreichischen und Schweizer Vereinen Einrichtungen der Kinder- und Jugendhilfe betreibt, die sich besonders problematischer junger Menschen annehmen (Verein für Psychoanalytische Sozialarbeit, Aichhorn et al., 2017). In der universitären Lehre führt die Psychoanalyse ein Nischendasein, weil ihre Theorie sehr komplex ist. Einige vereinfachende psychoanalytische Überlegungen sollen hier aufgeführt werden.

Die Psychoanalyse versteht Verschwörungsmythen als Identität stiftende Erzählungen. Klinisch zeigt sie, dass unsichere Menschen eine Autorität bewundern wollen, der sie folgen, sich beugen, von ihr beherrscht, ja sogar misshandelt oder verführt werden könnten – je nach der inneren Objektwelt des Individuums, also abhängig von dem, was dem Individuum in seiner (frühen) Lebensgeschichte an misslungenen Beziehungen und Bindungen widerfahren ist.

Verschwörungsmythen dienen ähnlich wie Träume der vorbewussten Abwehr psychischer Konflikte: Ödipus scheitert zwar darin, seinem Schicksal zu entgehen, zugleich gelingt ihm jedoch die Erfüllung geheimster Wünsche.

Der englische Kinderarzt und Psychoanalytiker Donald W. Winnicott (1896–1971) und seine Kollegin Margaret Mahler haben die besondere Bindung zwischen Mutter und Kind erforscht. Winnicott deutet von daher Verschwörungsmythen als Zwischenbereiche des Erlebens, die Menschen von der anstrengenden Aufgabe entlasten, die ihre innere und die äußere Realität miteinander in Einklang zu bringen. Insbesondere junge Menschen reaktivieren in der Pubertät unverarbeitete frühkindliche Konflikte in neuen Objektbeziehungen mit der Hoffnung auf innerpsychische Heilung, also auf Integration (Winnicott, 1983).

Je gravierender Konflikte zwischen innerer und äußerer Realität sind, je hilfloser und ohnmächtiger sich Menschen in Verlust- oder Deprivationserlebnissen gefühlt haben, desto unstillbarer und heftiger sind die Wiederholung dieser Konflikte und die damit verbundenen Affekte. Mit diesen Affekten werden Pädagog:innen konfrontiert und infiziert: Verschwörungsmythen eignen sich genau wie eruptive Gewalt, um Erwachsene mit Insuffizienzgefühlen unbewusst anzustecken. Die Abwehr durch Verschwörungserzählungen verlagert den »Terror im eigenen Innern« aus der inneren in die äußere Realität. Winnicott sah in der »antisozialen Tendenz« daher ein »Zeichen von Hoffnung«, eine unbewusste Suche nach Halt (Winnicott, 1988).

So sind antisoziale/traumatisierte junge Menschen keineswegs immer dankbar für Hilfe und Therapie, sondern bringen Helfer:innen unbewusst aktiv in aussichtslose, ohnmächtig und perspektivlos machende Situationen. Manchmal erscheinen junge Menschen weder beziehungs- noch gruppenfähig, verweigern und attackieren Angebote, bis sie aus allen sozialen Zusammenhängen herauszufallen drohen oder daraus ausgeschlossen werden (A. Aichhorn, 1974).

Verschwörungserzählungen bieten aktuell besonders praktische Abwehrformen, um Realität und Beziehungen zu vermeiden. Ihnen anzuhängen, ergibt Sinn für Jugendliche, die scheinbar nichts von uns wollen und denen es vordergründig an nichts zu fehlen scheint, die sich der Welt und jedwedem Begehren verweigern. »Die antisoziale Tendenz findet sich [...] bei einem normalen Individuum wie bei einem Neurotiker oder Psychotiker« (Winnicott, 1988, S. 233). Sie ist für Pädagog:innen aber immer mit sehr herausforderndem Agieren verbunden, »[...] durch das die Umwelt gezwungen wird, in irgendeiner Weise Stellung zu nehmen. Aufgrund eines unbewussten Drangs zwingt der Patient jemanden, sich um ihn zu kümmern. Der Therapeut hat die Aufgabe, auf diesen unbewussten Drang des Patienten einzugehen, und die Arbeit geht mit Hilfe von Lenkung, Toleranz und Verständnis vor sich. Die antisoziale Tendenz ist ein Hinweis auf Hoffnung« (ebd., S. 233).

Durch ein falsches Selbst wird das wahre Selbst verborgen und geschützt. Das Individuum existiert quasi dadurch, dass es nicht gefunden wird. Ein hoch differenziertes Such- und Versteckspiel, in dem es zugleich ein Vergnügen ist, verborgen zu bleiben, wie ein Desaster, nicht gefunden zu werden. Verschwörungserzählungen bieten hierfür idealen Raum: Entzug, Herausforderung der Erwachsenen und zugleich Schutz durch ein falsches Selbst mit dem hohen Risiko, aus Halt gebenden Beziehungen verloren zu gehen (ebd.).

Der instrumentell-ideologische Ansatz (Politikwissenschaft)

Das duale Weltbild, das durch Verschwörungsmythen vermittelt wird, dient vor allem der Kollektivbildung der Gruppe der Manipulierten bzw. Unterdrückten und dem gemeinsamen Feindbild in Form der Verschwörer:innen. Diese Kollektivbildung ist klar umrissen und ohne Differenzierungsmöglichkeiten. Zwischen den moralisch »bösen Verschwörer:innen« und der Gruppe der moralisch »guten Unterdrückten« kann es keine langfristigen Abstufungen oder Zwischenpositionen geben. Innerhalb der Logik des jeweiligen Narrativs kann eine Person, die »wissend« ist, also von der vermeintlichen Verschwörung weiß, sich nicht passiv verhalten, ohne als Unterstützer:in der Verschwörung zu gelten. Diese Form von künstlich erzeugtem moralischen Druck kann als Werkzeug benutzt werden, um Personen in bestimmte Gruppen zu drängen. Historisch lassen sich viele Beispiele dafür finden. So lässt sich in faschistischen Gruppen diese Logik von »Wer nicht für uns ist, ist gegen uns« beobachten. Besonders offensichtlich zeigt sich dies im Fall der Nazipropaganda im Zuge des Boykotts jüdischer Geschäfte: Wer zur »Volksgemeinschaft« (*In*-Group) gehören wollte, musste sich gegen »die Juden« (*Out*-Group, Verschwörer:innen) stellen (van Prooijen, 2016).

Für verschiedene politische Ideologien und deren Anhänger: innen bieten Verschwörungserzählungen bzw. -ideologien zudem ein Werkzeug zur Auflösung kognitiver Dissonanzen. Politische Ideologien beziehen sich dabei auf bestimmte Grundaxiome wie etwa eine ethnische oder religiöse Zugehörigkeit. Viele dieser Ideologien, insbesondere, wenn sie faschistisch und/oder autoritär in ihren Gesellschaftsideen sind, postulieren einen Idealzustand, in dem die *In*-Group (»Gottes Auserwählte«, »die Herrenrasse« etc.) die dominante (oder einzige) formende Kraft in der Gesellschaft ist. Aus der inneren Logik solcher Narrative heraus stellt sich nun die Frage, warum sich der jeweils postulierte Idealzustand nicht oder noch nicht eingestellt hat. Anders ausgedrückt: Wird eine Gruppe in der jeweiligen Ideologie als der anderen überlegen beschrieben – sei es durch »göttliche Vorhersehung« oder »rassische Überlegenheit« – sollte sie der Logik nach in ihrer Bezugsgesellschaft dominant sein. Auf die Frage, warum die »Herrenrasse« nicht längst ihre angestrebte Gesellschaftsordnung etabliert hat, kann mit dem Verweis auf das Wirken der Verschwörungsideolog:innen geantwortet werden, welches die »natürliche Ordnung« immer wieder untergrabe. Verschwörungserzählungen und -ideologien können somit immer wieder logische Lücken in ideologischen Konstruktionen schließen (Lewandowsky et al., 2013).

Aus politikwissenschaftlichen Ansätzen kann für die *Prävention* gefolgert werden, dass der politischen Bildung und Demokratieerziehung große Bedeutung zukommen sollte. Geschichts- und demokratisches Bewusstsein (junger) Menschen sind die Eckpfeiler einer Demokratie.

Entsicherte Unübersichtlichkeit und autoritäre Versuchungen (Soziologie)

Krisenzeiten wie die Corona-Pandemie sind Zeiten von verstärkter Unübersichtlichkeit und von Kontrollverlust. Hier setzen soziologische Erklärungsansätze an, wie z. B. Modernisierungs- und Desintegrationstheorien oder Theorien der sozialen Deprivation (Heitmeyer, 2018). Diese Ansätze verbindet die Annahme, dass Überforderungen durch raschen sozialen Wandel und/oder das Gefühl der Benachteiligung und des Ausschlusses zur Abwendung von den etablierten Politiker:innen und letztlich der Demokratie führen können.

Historisch betrachtet traten Verschwörungsmythen vermehrt in Krisen- und Kriegszeiten auf. Der Glaube an Verschwörungsmythen hängt dabei mit großem Misstrauen gegenüber Institutionen und dem sozialen Umfeld sowie einem tiefen Ungerechtigkeitsempfinden zusammen (Goertzel, 1994). Zur Wiedererlangung von Kontrolle und Übersichtlichkeit wird eine verzerrte Darstellung der Wirklichkeit erzeugt. In Zeiten von »Fake News« finden solche Menschen in (rechtsextremen) Medien und Internetforen viele Möglichkeiten, ihre Wut und Unzufriedenheit auszudrücken. Sie greifen ggf. Verschwörungserzählungen auf und verbreiten diese weiter. Wenn viele Menschen Desintegrationserfahrungen machen und Kontrollverlust erleben, kann die Attraktivität autoritärer Versuchungen und damit auch die Abwertung und Ausgrenzung anderer schnell ansteigen (Heitmeyer, 2018). So hat beispielsweise der antisemitische Gewalttäter von Halle (2019) in seinen Mitteilungen »an die Welt« den Holocaust geleugnet und zur Ermordung von Juden aufgerufen. Zugleich zeigt dieses Beispiel, dass es nicht ausreicht, nur auf die Täter:innen zu fokussieren, sondern dass die existierenden Einstellungsvorräte und Legitimationen, die oft aus Verschwörungsmythen herrühren, in den Blick genommen werden sollten.

Das Konzept »Entsicherte Unübersichtlichkeit« basiert auf der mit der Globalisierung einhergehenden »Entsicherung« sozialer Zustände, die bei vielen Menschen zu einer Sehnsucht nach Sicherheit, Kontrolle und Ordnung führen und die von Akteuren des autoritären

Nationalradikalismus bedient werden. »Entsicherte Unübersichtlichkeit« meint die Entsicherung gesellschaftlicher und politischer Prozesse infolge von Krisen, die mit den bisherigen Methoden nicht mehr zu bewältigen sind. Dadurch entsteht Unübersichtlichkeit in Form von Anomie und Orientierungslosigkeit, die junge wie ältere Menschen für autoritäre Versuchungen anfällig machen. Verstärkt wird dies durch eine gewisse politische Visionslosigkeit, eine Erschöpfung utopischer Energien, die Räume für regressive politische Angebote öffnet (Heitmeyer et al., 2020).

Als Folgerung für die *Prävention* lässt sich u. a. ableiten, dass die Schattenseiten von Globalisierung abgefedert und Erfahrungen von Solidarität, Partizipation ermöglicht und politische Bildung sowie Demokratielernen gefördert werden sollten.

Der internetorientierte Ansatz (Mediensoziologie)

Das Internet und soziale Medien dominieren im zunehmenden Maße das Alltagsleben junger wie älterer Menschen. Zugleich ist das Internet ein idealer Nährboden, Treiber und Beschleuniger für Verschwörungsmythen. Deshalb wird das vermehrte Auftreten von Verschwörungsmythen mit der Entwicklung des Internets erklärt. Das Internet fördert nicht nur die rasche und massenhafte Verbreitung jeglicher Informationen, sondern auch die Entstehung von »Filterblasen« und »Echo-Kammern«. Eine zentrale Rolle spielen dabei Messenger-Dienste wie Telegram oder WhatsApp und soziale Netzwerke wie Facebook, Instagram, Twitter und YouTube. Die Online-Dienstleister stehen deshalb in der Kritik, stärker gegen Fake News, Hasskommentare und die Verbreitung von Verschwörungserzählungen vorzugehen (klicksafe, 2021) (▶ Kap. 10).

Kinder und Jugendliche, die nahezu alle einen Internetzugang haben, verbringen sehr viel Zeit im Internet. Ihre Internetnutzung hat sich in den vergangenen zehn Jahren fast verdoppelt und liegt gegenwärtig bei fast 4 ½ Stunden täglich (Medienpädagogischer Forschungsverbund Südwest, Feierabend et al., 2020). Für Recherchen und Informationsbeschaffung nutzen sie vor allem Online-Suchmaschinen sowie YouTube-Videos, soziale Netzwerke und Wikipedia. Angesichts der digitalen Informationsflut wird es für Kinder und Jugendliche immer schwieriger, die Relevanz und den Wahrheitsgehalt der dargebotenen Informationen zu erkennen.

Für die *Prävention* ist deshalb ein kritischer Umgang mit Informationen und die Förderung von Informationskompetenz und Medienmündigkeit abzuleiten. Zugleich ist zu fragen, wie Lehrkräfte die Informationskompetenz und ein kritisches Bewusstsein gegenüber Informationen aus dem Internet bei Kindern und Jugendlichen fördern können. Inzwischen gibt es zahlreiche (medien-)pädagogische Ansätze, wie man die Seriosität der Inhalte besser einschätzen kann (klicksafe, 2021).

Der sozialisationstheoretische Ansatz (Soziologie)

Die These, dass man nicht als Gewalttäter oder Extremist geboren, sondern im Laufe der Sozialisation dazu »gemacht« wird, gilt weitgehend auch für (junge) Verschwörungsgläubige. Eine der zentralen sozialisationstheoretischen Annahmen ist, dass sich die Entwicklung des Menschen im Wechselspiel von Anlage und Umwelt in Form einer »produktiven Realitätsverarbeitung« vollzieht (Hurrelmann, 2012). Das bedeutet in diesem Fall, dass der Verschwörungsglaube für die Betreffenden eine Art »produktive Realitätsverarbeitung« darstellen kann. In welcher Form gesellschaftliche Anforderungen verarbeitet werden (▶ Abb. 6):

Die verschiedenen Sozialisationsinstanzen (▶ Abb. 7) können sowohl positive als auch negative Einflüsse auf die Entwicklung der Persönlichkeit, einschließlich deren Weltbildes, ausüben. So verweist die (Rechts-)Extremismusforschung auf die große Bedeutung familialer Kontexte und Erfahrungen, beispielsweise die Transmission von Einstellungen, vorpolitische Prägungen, sozio-emotionale Belastungen sowie biografische Brüche und Krisen. Erziehungsstile, Familienklima und Vorbilder spielen dabei eine besondere Rolle. So fällt es

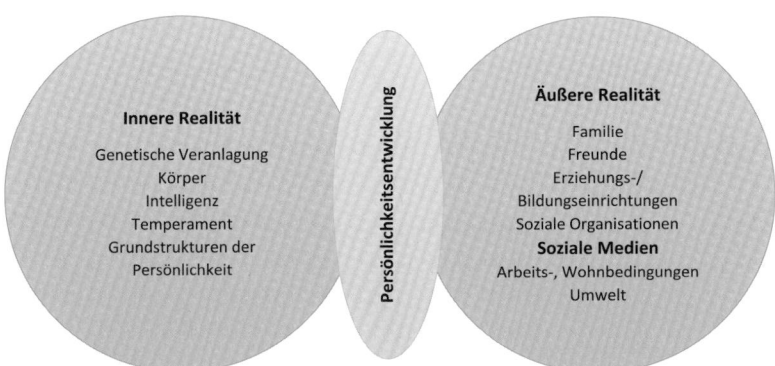

Abb. 6: Konzept des produktiv realitätsverarbeitenden Subjekts (eigene Darstellung, angelehnt an Hurrelmann, 2012)

verschwörungsgläubigen Eltern relativ leicht, ihre Kinder entsprechend zu beeinflussen. Zudem ist aus entwicklungspsychologischer Sicht die Jugendphase eine sensible Phase, die für Beeinflussung anfällig ist (▶ Kap. 7.1). Neben familialen Erfahrungen sind auch die Erfahrungen in weiteren Kontexten wie Peergroup und Freundschaften relevant.

Gerade bei sozialen Desintegrations- und Außenseitererfahrungen von Jugendlichen kann die Hinwendung zu extremen Gemeinschaften ein Versuch sein, fehlende Anerkennung und mangelndes Zugehörigkeits- und Gemeinschaftsgefühl zu kompensieren (Glaser et al., 2017; May & Heinrich, 2020). Mit den sozialen Medien hat sich eine neue gewichtige Sozialisationsinstanz entwickelt, die auch zahlreiche niedrigschwellige Angebote für extreme Ideologien bereithält. Wenige Klicks reichen aus, um auf problematische Internetseiten zu stoßen. Der auf ökonomische Interessen und Aufmerksamkeit programmierte Algorithmus kennt seine Nutzer:innen in der Regel nicht bzw. speist seine Informationen aus den aufgerufenen Internetseiten und angeklickten Beiträgen. Dadurch erhält der/die User:in zunehmend nur noch thematisch verwandte Inhalte und gerät zunehmend in eine Filterblase, die die eigene Meinung bestätigt, andere verschwinden hingegen im Hintergrund und manipulieren somit die Wahrnehmung

Abb. 7: Die Struktur sozialisationsrelevanter Organisationen und Systeme (eigene, aktualisierte Darstellung, angelehnt an Hurrelmann, 2012)

der Nutzer:innen. Diese Gefahr ist nicht zu unterschätzen und das Wissen darüber für die *Intervention* und *Prävention* unerlässlich.

Die Sozialisationsinstanz Schule nimmt in Bezug auf die politische Sozialisation eine ambivalente Rolle ein: Einerseits ist sie durch ihre Selektionsfunktion und Leistungsdominanz an der Produktion von Anerkennungsdefiziten, Entsolidarisierungseffekten und mitunter auch Diskriminierungserfahrungen mitbeteiligt. Andererseits hat sie vielfältige (bisher noch zu wenig genutzte) Möglichkeiten, durch eine demokratische Schulkultur, spezielle Unterrichtsthemen und Projekte sowie in Kooperationen mit externen Partner:innen mündige Staatsbürger:innen heranzubilden, die gegenüber Verschwörungsmythen gerüstet sind (Schubarth, 2019; Schubarth et al., 2017).

Aus dem sozialisationstheoretischen Ansatz lassen sich für die verschiedenen Sozialisationsbereiche Folgerungen für die *Prävention* ableiten. Verwiesen werden soll auf die Verbesserung der Lebensbedingungen für Kinder und Jugendliche und die Stärkung ihrer Handlungskompetenzen sowie auf die Ausgestaltung von Schule als sozialkommunikativer Erfahrungsraum und demokratiebildende Sozialisationsinstanz.

Der erfahrungsorientierte Ansatz (Pädagogik)

Pädagogische Erklärungsansätze für die Anfälligkeit Jugendlicher in Bezug auf Verschwörungsglauben oder andere extreme Ideologien sind schon deshalb von Interesse, weil sie eine direkte Brücke von der Analyse zum praktischen Handeln schlagen. Als zielführend erscheint in dieser Hinsicht der erfahrungsbezogene Ansatz von Kurt Möller (Möller, 2017). Im Rahmen seiner biografischen Studien zu konkreten Erfahrungen in den zentralen Sozialisationsbereichen konstatiert er sowohl Defizite in den personalen Kompetenzen der Lebensbewältigung als auch zahlreiche Faktoren für die Zuwendung zu (rechts) extremen Ideologieangeboten. Zu den personalen Kompetenzdefiziten gehören demnach vor allem die Fähigkeit zur Selbstreflexion, die Bereitschaft und Fähigkeit zum Perspektivwechsel, die Empathiefähigkeit gegenüber anderen als der Eigengruppe, die Ambiguitäts- und Ambivalenztoleranz, die Rollendistanz, die Tendenz zur Vereindeutigung komplexer Situationen, die Affektregulierung und die Bereitschaft, Verantwortung zu übernehmen (Küpper & Möller, 2014).

Entscheidend für die Hinwendung zu bzw. Abwendung von (rechts) extremen Ideologieangeboten sind nach Möller lebensweltliche Erfahrungen von Kindern und Jugendlichen, die er in eine »KISSeS-Strategie« transformiert, welche sich als Anleitung für ein politisches wie (sozial)pädagogisches Handeln verstehen lässt. Die Grundlinien sind folgende (Möller, 2017):

- *K* wie *Kontrolle* über die eigene Lebensführung und Aufbau von Selbstwirksamkeit,
- *I* wie *Integration* als Identifikation, Zugehörigkeit und Teilhabe in sozialen Gruppen,
- *S* wie *Sinn* und *Sinnzuschreibung* im eigenen Erleben,
- *S* wie *Sinnlichkeit*, Förderung positiver sinnlicher Erlebnisse,

* *e* wie *erfahrungsstrukturierende Repräsentation*, die auf visuelle, intuitive, assoziative, d. h. ganzheitliche Zugänge setzen statt reiner Wissens- und Informationsvermittlung,
* *S* wie *Selbst- und Sozialkompetenzen.*

Der erfahrungsorientierte Ansatz bedeutet, funktionale Äquivalente für Haltungen und Repräsentationen zu schaffen, die für die Anfälligkeit für Verschwörungsglauben stehen. Für die *Prävention* ist damit ein Programm entworfen, das sich auf alle Bereiche des Aufwachsens von Kindern und Jugendlichen erstreckt. Dabei ist zu berücksichtigen, dass Jugendliche in ihren Einstellungen meist noch nicht gefestigt seien und gute Chancen bestehen, diese zu verändern.

Abschließend soll ein tabellarischer Überblick über die angeführten Erklärungsansätze und die abgeleiteten Präventionsmöglichkeiten gegeben werden (Schubarth, 2012; Schubarth & Stöss, 2001) (vgl. Tab. 2):

Tab. 2: Erklärungsansätze für Verschwörungsgläubigkeit – Konsequenzen für die Prävention

Erklärungsansatz	Kurzcharakteristik	Konsequenzen für die Prävention
Bedürfnisorientierter Ansatz (Psychologie)	Verschwörungslaube soll menschliche Bedürfnisse nach Kontrolle, Sicherheit, Komplexitätsreduktion, Selbstwahrnehmung befriedigen	Bedürfnisse von Kindern und Jugendlichen ernst nehmen und entsprechende Angebote in Bildung und Erziehung bereitstellen
Vorbewusste Abwehr psychischer Konflikte (Psychoanalyse)	Verschwörungsglaube hilft, innerpsychische Konflikte, zT. aus der Kindheit, abzuwehren	Therapeutische Arbeit auf der Grundlage von Verständnis, Toleranz und Lenkung
Instrumentell-ideologischer Ansatz (Politikwissenschaft)	Duales Weltbild (*In*-Group vs. *Out*-Group) dient der Kollektivbildung und Auflösung kognitiver Dissonanzen	Historisch-politische Bildung sowie Demokratieerziehung stärken

Tab. 2: Erklärungsansätze für Verschwörungsgläubigkeit – Konsequenzen für die Prävention – Fortsetzung

Erklärungsansatz	Kurzcharakteristik	Konsequenzen für die Prävention
Entsicherte Unübersichtlichkeit und autoritäre Versuchung (Soziologie)	Entsicherung gesellschaftlicher Prozesse durch Krisen; Unübersichtlichkeit in Form von Anomie und Orientierungslosigkeit, die für autoritäre Versuchungen anfällig machen	Förderung von Solidarität und Partizipation sowie Stärkung von politischer Bildung und Demokratielernen
Sozialisationstheoretischer Ansatz (Soziologie)	Verschwörungsglaube als Form »produktiver Realitätsverarbeitung«, Nichtpassung zwischen gesellschaftlichen Anforderungen und Kompetenzen	Verbesserung der Lebensbedingungen, Entwicklung personaler und sozialer Handlungskompetenzen, Schule als demokratiebildende Sozialisationsinstanz
Internetorientierter Ansatz (Mediensoziologie)	Internet als Nährboden und Treiber von Verschwörungsmythen	Stärkung von Informationskompetenz und Quellenkritik
Erfahrungsorientierter Ansatz (Pädagogik)	Lebensweltliche Erfahrungen von Kindern und Jugendlichen sind für Hinwendung bzw. Abwendung bzgl. Ideologieangeboten zentral	funktionale Äquivalente für jene Erfahrungen bzw. Haltungen schaffen, die die Anfälligkeit für Verschwörungsglauben begünstigen

Als *Resümee* der Erklärungsansätze für die Anfälligkeit für Verschwörungsideologien lässt sich festhalten, dass zahlreiche Ansätze aus verschiedenen Wissenschaften das Phänomen der Verschwörungsgläubigkeit erhellen können. Auch Erkenntnisse aus der (Rechts) Extremismusforschung tragen dazu bei. Verschwörungsgläubigkeit ist letztlich kein typisches Jugendphänomen. Deshalb ist es wichtig, neben den Bedürfnissen und biografischen Erfahrungen von Kindern und Jugendlichen auch die tradierten Deutungs- und Ideologieangebote sowie die strukturellen Benachteiligungen und Ungleichheiten der Erwachsengesellschaft in den Blick zu nehmen und frühzeitig Präventionsmaßnahmen zu ergreifen, um potenzielle Gefahren für eine demokratische Gesellschaft abzuwenden.

> **Wiederholungsfragen:**
>
> • Mit welchen Ansätzen lässt sich der Glaube an Verschwörungs-erzählungen erklären?
> • Welche Rolle spielen dabei die neuen Medien?
> • Welche Konsequenzen haben diese Ansätze für die Prävention?

4

Verschwörungen überall?
Studien zur Verbreitung von
Verschwörungserzählungen

In diesem Kapitel werden Untersuchungsergebnisse aus *empirischen Studien* zur Wahrnehmung und Verbreitung des Verschwörungsglaubens unter jungen wie älteren Menschen sowie entsprechende *Bedingungsfaktoren* vorgestellt. Anschließend wird gefragt, was das für die *Prävention* bedeutet.

Seit einiger Zeit wird das Phänomen Verschwörungsmythen auch mittels empirischer Studien untersucht. Dabei stehen vor allem Fragen nach der Verbreitung von Verschwörungsglauben und -erzählungen sowie nach möglichen Persönlichkeitsprofilen und Verschwörungsmentalitäten, d. h. die Frage, wer für Verschwörungsglauben empfänglich ist, im Mittelpunkt. Da unter Jugendlichen bisher nur wenige einschlägige Studien vorliegen, werden im Folgenden neben Jugendstudien auch Studien unter (jungen) Erwachsenen mit einbezogen.

Wie oft werden Jugendliche mit Verschwörungserzählungen konfrontiert?

Nach einer Studie der *Vodafone Stiftung* vom Dezember 2020 beobachteten drei Viertel der Jugendlichen im Alter von 14 bis 24 Jahren, dass sie im Zuge der Corona-Pandemie zunehmend mit Falschnachrichten und Verschwörungserzählungen konfrontiert wurden. Den meisten sind Aussagen, dass es das Corona-Virus gar nicht gäbe, dass es weniger gefährlich als eine Grippe sei oder dass Bill Gates das Virus erfunden hätte (▸ Kap. 2), schon begegnet. Viele sind unsicher, wie diese Aussagen zu bewerten sind (▸ Abb. 8).

Aufschlussreich ist auch der Befund, dass der Grad der Unsicherheit über die Bewertung solcher Aussagen, vom Bildungsgrad abhängt: Je niedriger die formale Bildung, desto größer ist die Unsicherheit in der Beurteilung der Aussagen. Mit anderen Worten: Mehr Bildung und Aufklärung können gegen Falschnachrichten und Verschwörungserzählungen helfen. Gleichwohl sind auch viele Jugendliche mit höherem Bildungsgrad bei den angeführten Aussagen unsicher (▸ Abb. 9).

Die zunehmende Verbreitung von Falschnachrichten fördert bei Jugendlichen ein generelles Misstrauen gegenüber Informationen. Viele sind verunsichert, welche Informationen überhaupt vertrauenswürdig sind. Das gilt vor allem für Jugendliche mit formal niedriger Bildung (71 % im Vergleich zu 42 % bei Jugendlichen mit hoher Bildung). In der Verbreitung von Falschnachrichten sieht eine Mehrheit (81 %) eine Gefahr für die Demokratie in Deutschland.

Um gegen Falschnachrichten und Verschwörungserzählungen besser gewappnet zu sein, wünschen sich die Jugendlichen mehr Unterstützung sowohl von ihrer Schule als auch von den Medien. Die überwiegende Mehrheit unterstützt den Vorschlag, dass Desinformation und Falschnachrichten verpflichtende Unterrichtsinhalte in

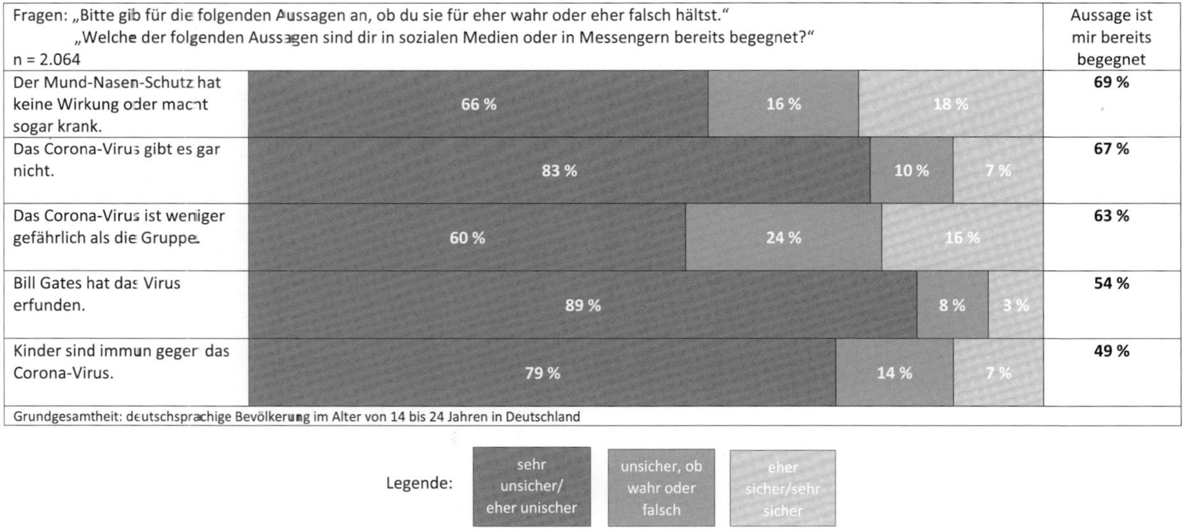

Fragen: „Bitte gib für die folgenden Aussagen an, ob du sie für eher wahr oder eher falsch hältst."
„Welche der folgenden Aussagen sind dir in sozialen Medien oder in Messengern bereits begegnet?"
n = 2.064

	sehr unsicher/eher unsicher	unsicher, ob wahr oder falsch	eher sicher/sehr sicher	Aussage ist mir bereits begegnet
Der Mund-Nasen-Schutz hat keine Wirkung oder macht sogar krank.	66 %	16 %	18 %	69 %
Das Corona-Virus gibt es gar nicht.	83 %	10 %	7 %	67 %
Das Corona-Virus ist weniger gefährlich als die Gruppe.	60 %	24 %	16 %	63 %
Bill Gates hat das Virus erfunden.	89 %	8 %	3 %	54 %
Kinder sind immun gegen das Corona-Virus.	79 %	14 %	7 %	49 %

Legende: sehr unsicher/eher unsicher | unsicher, ob wahr oder falsch | eher sicher/sehr sicher

Grundgesamtheit: deutschsprachige Bevölkerung im Alter von 14 bis 24 Jahren in Deutschland

Abb. 8: Glaubwürdigkeit und Kontakt gegenüber Falschaussagen in Zusammenhang mit der Pandemie (Vodafone Stiftung Deutschland, Paus & Börsch-Supan, 2020)

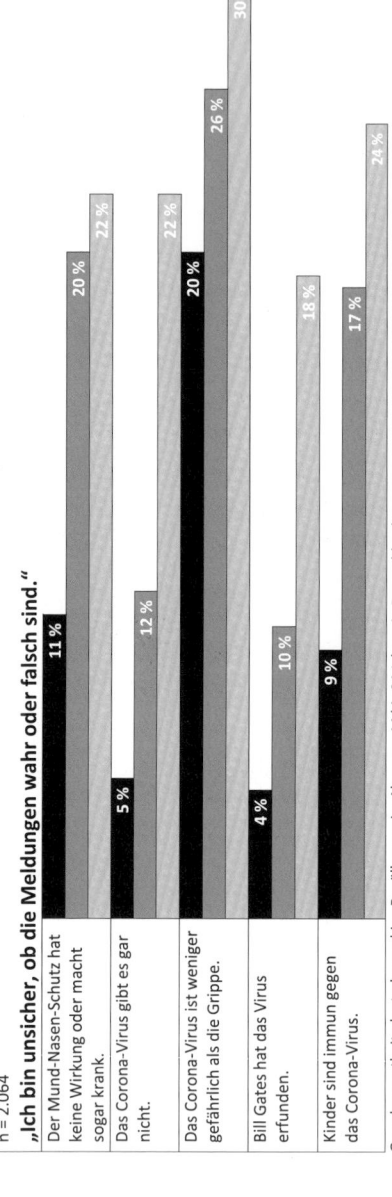

Frage: „Bitte gib für die folgenden Aussagen an, ob du sie für eher wahr oder eher falsch hältst?"
n = 2.064

„Ich bin unsicher, ob die Meldungen wahr oder falsch sind."

Grundgesamtheit: deutschsprachige Bevölkerung im Alter von 14 bis 24 Jahren in Deutschland

Bildungshintergrund: **hoch** mittel niedrig

Abb. 9: Unsicherheit über den Wahrheitsgehalt von Falschaussagen in Zusammenhang mit der Corona-Pandemie nach Bildungshintergrund (Vodafone Stiftung Deutschland, Paus & Börsch-Supan, 2020)

der Schule sein sollten. Nur 30 % hatten das Thema in der Schule bereits behandelt. Besonders problematisch ist, dass bei Jugendlichen mit formal niedrigerer Bildung das Thema seltener im Unterricht vorkam als bei anderen. Das ist paradox, denn gerade diejenigen, die die größten Unsicherheiten haben, erhalten die geringste Unterstützung (Vodafone Stiftung Deutschland, Paus & Börsch-Supan, 2020).

Eine weitere Studie der *Vodafone Stiftung* mit dem Titel »Generation Messenger« befragte im September 2020 2.064 Jugendliche im Alter von 14 bis 24 Jahren zu ihrer Nutzung von Messengerdiensten und ihren Erfahrungen mit Falschinformationen, Mobbing und Hassrede (Vodafone Stiftung Deutschland, Paus & Börsch-Supan, 2021a). Demnach nutzen Jugendliche Messenger-Dienste wie WhatsApp, Telegram oder Signal genauso oft wie die sozialen Medien (Facebook, Instagram, Twitter u. a.), ein Viertel sogar mehrere Stunden täglich. Die Mehrheit (61 %) wurde dabei auch schon mit Falschnachrichten konfrontiert. Die Struktur der Chats bedingt, dass die Falschnachrichten gegenüber dem Feed von sozialen Plattformen besser versteckt werden können (»Dark Social«). WhatsApp und Social-Media-Messenger, wie der Facebook-Messenger oder Direktnachrichten bei Twitter, spielen hier die größte Rolle. Als Absender:innen von Falschnachrichten werden vor allem Bekannte aus dem Bildungs- oder Berufskontext (50 %), unbekannte Personen (40 %), Freund:innen (37 %) oder Verwandte (27 %) benannt.

Die Messengerdienste genießen bei der Mehrheit (55 %) ein höheres Vertrauen als Informationen aus sozialen Medien. Das könnte die Verbreitung von Falschnachrichten begünstigen. In der eigenen Kommunikation fühlen sich Jugendliche in Chatgruppen freier zu schreiben, was sie wirklich denken. Die Schwelle für negative Äußerungen liegt damit niedriger, gleichzeitig besteht aber auch die Chance kontroverse Diskussionen führen zu können. Im Ergebnis der Studie werden entsprechend Gegenkonzepte und mehr Förderung der Medienkompetenz gefordert, denn wie Inger Paus, eine der Autorinnen, richtig bemerkt:

»Lange wurde unterschätzt, dass WhatsApp, Telegram und Co. – genauso wie die sozialen Plattformen – einen erheblichen Einfluss auf die Meinungsbildung und mentale Gesundheit junger Menschen haben. Wir sollten dieses Feld daher nicht den Verschwörungserzähler:innen oder Hassredner:innen überlassen, sondern hier auch von politischer Seite bewusst Angebote für Medienkompetenz, politische Meinungsbildung und Jugendschutz stärken« (Vodafone Stiftung Deutschland, Paus & Börsch-Supan, 2021b).

Ähnliche Befunde und Forderungen präsentierte der Stifterverband zum *Tag der Bildung* am 8. Dezember 2020. Einer im Juli 2020 durchgeführten Studie zufolge stimmten ein Drittel der Jugendlichen (12- bis 25-Jährige) der Aussage zu, dass Verschwörungserzählungen in ihrem Bekanntenkreis zugenommen hätten. Seit Ausbruch der Corona-Pandemie würden rund 30 % der Befragten stärker auf vertrauenswürdige Quellen achten, um sich zu informieren. Allerdings: Ebenso viele suchen aktuelle Informationen ausschließlich im Internet, 57 % verneinen dies. Auch im Ergebnis dieser Studie wird gefordert, den Umgang mit Medien stärker im Lehrplan zu verankern (Stifterverband für die deutsche Wissenschaft e.V., 2020).

Der wachsende Einfluss von alternativen Medien und Influencer:innen im Kontext von Desinformation und Verschwörungserzählungen ist mittlerweile auch Gegenstand des Jugendmedienschutzes. Die *Kommission für Jugendmedienschutz* (2021) verweist auf eine Reihe von Anbietern, die verschiedene Plattformen (Web, Facebook, YouTube, Twitter, Instagram, VK, Telegram, Frei3) nutzen, um Jugendliche anzusprechen. Neben reichweitenstarken YouTube-Kanälen und Facebook-Profilen spielen auch klassische Webseiten als Multiplikatoren von Desinformation und Verschwörungserzählungen eine wichtige Rolle. Daneben gewinnen rechtsextreme Influencer:innen an Bedeutung. So würden rechtsextreme und rechtspopulistische Gruppen, zusammen mit Impfgegner:innen, besorgten Bürger:innen, rechtsesoterischen Influencer:innen und Verschwörungstheoretiker:innen, gezielt Jugendliche ansprechen. Mit der Ausweitung jugendaffiner Angebote und dem Mix von Desinformation, Verschwörungserzählungen und Hasskommentaren wachse die Gefahr der Entwicklungsbeeinträchtigung und Jugendgefährdung (Kommission für Jugendmedienschutz, 2021).

Wie weit ist der Verschwörungsglaube unter Jugendlichen verbreitet?

Als eine der ersten größeren Jugendstudien hat die Studie *Jugend in Brandenburg 2020* repräsentative Ergebnisse zum Verschwörungsglauben Jugendlicher im Alter von 12- bis 22 Jahren im Zusammenhang mit der Corona-Pandemie vorgelegt. Danach würden etwa ein Drittel der Jugendlichen »verschwörungstheoretischen« Aussagen zustimmen (MBJS Brandenburg, Sturzbecher et al., 2021) (Tab. 3):

Tab. 3: Zustimmung zu »verschwörungstheoretischen« Aussagen (in %) (MBJS Brandenburg, Sturzbecher et al., 2021)

Aussage	stimmt völlig	stimmt teilweise	stimmt kaum	stimmt nicht
Die Politik kontrolliert die Berichterstattung zu Corona.	16	37	26	21
Das Corona-Virus wurde absichtlich geschaffen.	14	22	22	42
Corona ist eine normale Grippe	12	30	24	34
Das Corona-Virus existiert gar nicht.	7	11	12	70

Die Zustimmungsrate reicht von 18 % (Corona-Leugnung) über 32 % (Corona-Verharmlosung) und 36 % (Corona als Verschwörung) bis zu 53 % (politisch kontrollierte Berichterstattung). Die Unterschiede nach Geschlecht sind nicht auffällig; die Zustimmungswerte liegen bei Jungen und Mädchen ähnlich hoch. Insgesamt wird die große Verunsicherung bezüglich der Corona-Pandemie deutlich: Etwa drei Viertel der Jugendlichen räumen ein, kaum Zeit für die Informationssuche zur Corona-Pandemie zu haben. Zwei Drittel finden es schwierig, den Überblick über die Informationen zu behalten. Dennoch sieht sich immerhin über die Hälfte in der Lage, wahre

Informationen von Falschnachrichten zu unterscheiden (»Stimmt völlig«: 18 %; »Stimmt teilweise«: 39 %; »Stimmt kaum«: 24 %; »Stimmt nicht«: 19 %). Als Informationsquellen werden neben den klassischen Medien auch die sozialen Medien genutzt: WhatsApp: 25 %; TikTok: 16 %; Facebook: 10 %; Snapchat: 9 %; Telegram: 2 %.

Zum Profil verschwörungsaffiner Jugendlicher wurde Folgendes ermittelt: Erwartungsgemäß akzeptieren diese Jugendlichen die Corona-Maßnahmen deutlich weniger, insbesondere die Maskenpflicht. Für die Informationssuche verwenden sie zwar genauso viel Zeit wie andere Jugendliche, setzen dabei aber eher auf die sozialen Medien als auf Zeitungen oder öffentlich-rechtliche Medien. Sowohl ihr politisches Interesse als auch ihre politische Partizipationsbereitschaft sind etwas unterdurchschnittlich (ebd.).

Auf Verschwörungsgläubigkeit unter Jugendlichen (12 bis 25 Jahre) verweist auch die *Shell-Jugendstudie* (Albert et al., 2019). 53 % stimmen der Aussage zu, dass die Regierung der Bevölkerung die Wahrheit verschweige (»Manipulation durch Eliten«). Als Erklärung wird angenommen, dass sich das Gefühl, nicht ernst genommen zu werden, mit Ressentiments gegenüber Politik und dem Establishment mischt. Politikverdrossenheit diene hier als »Steigbügelhalter« für Verschwörungstheorien (ebd., S. 78). Basierend auf Populismus-Statements verweist die Studie auf vier Gruppierungen Jugendlicher: Kosmopoliten (12 %), Weltoffene (27 %), Nicht-eindeutig-Positionierte (28 %), Populismus-Geneigte (24 %) und Nationalpopulisten (9 %). Die beiden letztgenannten Gruppen sind von einer »Elitenverschwörung« voll überzeugt (86 % bzw. 99 %).

Folgende Zusammenhänge mit der Populismusaffinität Jugendlicher konnten ermittelt werden: Je höher die Bildungsposition oder die Herkunftsschicht, desto geringer die Populismusaffinität. Männliche Jugendliche sind häufiger unter Populismus-Geneigten und Nationalpopulisten vertreten. In Ostdeutschland ist die Populismusaffinität höher. Populismusaffine Jugendliche beklagen öfter fehlende soziale Gerechtigkeit. Generelles Benachteiligungsempfinden und weniger Kontrolle über das eigene Leben sowie Distanz gegenüber Vielfalt sind typische Merkmale für eine Empfänglichkeit gegenüber Populismus, einschließlich der »Elitenverschwörung« (ebd.).

Und wie verschwörungsgläubig sind Erwachsene?

Im Vergleich zu den wenigen Jugendstudien gibt es mittlerweile zahlreiche Studien unter Erwachsenen, die ein recht fundiertes, teilweise auch überraschendes Bild vom Ausmaß des Verschwörungsglaubens zeichnen. Einen guten Einblick gibt beispielsweise die *Mitte-Studie* der *Friedrich-Ebert-Stiftung* von 2018/19, und damit noch vor Ausbruch der Corona-Pandemie. Bei der Studie wurden 1.890 Personen ab 18 Jahren befragt. Folgende vier Dimensionen von Verschwörungsglauben wurden dabei untersucht (Lamberty & Rees, 2019):

a) *Verschwörungsmentalität*, d. h. die generalisierte Überzeugung vom Wirken geheimer Mächte,
b) *Medienverschwörung*, d. h. das Infragestellen der Unabhängigkeit der Medien,
c) *Wissenschaftsfeindlichkeit*, d. h. das größere Vertrauen auf eigene Gefühle im Vergleich zu Expert:innen und
d) *Klimawandelleugnung*.

Die Ergebnisse zu den vier Dimensionen zeigt Tab. 4.

Wie Tab. 4 belegt, ist der Verschwörungsglaube in Deutschland weit verbreitet. Fast 40 % stimmten über alle Dimensionen hinweg den Aussagen zu. Einzelne Dimensionen der Verschwörungsmentalität finden sogar noch mehr Zustimmung, insbesondere der Glaube an das Wirken geheimer Mächte und eine gewisse Wissenschaftsfeindlichkeit.

Folgende Zusammenhänge mit der Verschwörungsmentalität wurden ermittelt: Männer glauben tendenziell eher daran als Frauen (44 % zu 34 %), ebenso Personen mit formal niedrigem oder mittlerem Bildungsniveau als solche mit hohem (49 % zu 42 % zu 25 %).

Tab. 4: Verschwörungsmentalität 2018/19 (in %) (Lamberty & Rees, 2019)

Dimensionen	stimme (überhaupt) nicht zu	teils/ teils	stimme eher/ voll zu
Es gibt geheime Organisationen, die großen Einfluss auf politische Entscheidungen haben.	35	20	**45**
Politiker und andere Führungspersönlichkeiten sind nur Marionetten der dahinterstehenden Mächte.	41	26	**33**
Die Medien und die Politik stecken unter einer Decke.	51	25	**24**
Ich vertraue meinen Gefühlen mehr als sogenannten Experten.	20	29	**51**
Studien, die einen Klimawandel belegen, sind meist gefälscht.	75	13	**12**

Außerdem schätzen Verschwörungsgläubige sowohl ihre eigene wirtschaftliche Situation als auch die wirtschaftliche Lage Deutschlands negativer ein. Kein Zusammenhang besteht beim Vergleich unterschiedlicher Altersgruppen, des Migrationshintergrundes oder beim Ost-West-Vergleich. Erwartungsgemäß wurden Zusammenhänge zwischen Verschwörungsmentalität und demokratiefeindlichen Einstellungen, insbesondere zu Demokratiemisstrauen, gruppenbezogene Menschenfeindlichkeit und Rechtspopulismus nachgewiesen (ebd.).

Eine neuere *Mitte-Studie* (2021) verweist zwar auf weniger offenen Rechtsextremismus, aber auch auf eine Aufweichung demokratischer Grundhaltungen generell. 70 % sehen im Rechtsextremismus eine Bedrohung für Deutschland – genauso viele wie im Klimawandel (Zick & Küpper, 2021).

In einer kombinierten Jugend- und Erwachsenenbefragung in der Schweiz wurden das Ausmaß von Verschwörungsglauben sowie Risikofaktoren und Zusammenhänge mit extremistischen Einstellungen untersucht (Baier & Manzoni, 2020) (Tab. 5).

Tab. 5: Zustimmung bzw. Ablehnung zur Verschwörungsmentalität bei Jugendlichen und Erwachsenen in der Schweiz (in %) (Baier & Manzoni, 2020)

Aussage	Zustimmung Jugendlicher	Zustimmung Erwachsener
Die meisten Menschen erkennen nicht, in welchem Ausmaß unser Leben durch Verschwörungen bestimmt wird, die im Geheimen ausgeheckt werden.	35	36
Es gibt geheime Organisationen, die großen Einfluss auf politische Entscheidungen haben.	40	46
Politiker und andere Führungspersönlichkeiten sind nur Marionetten der dahinterstehenden Mächte.	33	42
Skala	31	36

Ähnlich wie in der *Brandenburger Jugendstudie* stimmt etwa jeder dritte Jugendliche (31 %) in der Schweiz Verschwörungserzählungen zu. Bei der parallelen Erwachsenenbefragung lag der Anteil noch etwas höher (36 %). Diese Werte sind vergleichbar mit denen bundesdeutscher Studien. Bezüglich möglicher Risikofaktoren wurde altersübergreifend ermittelt, dass Gefühle von Anomie (Regel- und Normlosigkeit), geringes Institutionenvertrauen und politische Deprivation (Gefühl des Ausgeschlossen-Seins) die Zustimmung zur Verschwörungsmentalität erhöhen. Eine stärker ausgeprägte Verschwörungsmentalität erhöht die Zustimmung zu extremistischen Einstellungen, wobei dieser Zusammenhang unter Jugendlichen stärker ist als bei Erwachsenen (ebd.).

Ähnliche Befunde erbrachte auch die *Leipziger Autoritarismus-Studie* aus dem Jahr 2020, gefördert von der *Heinrich Böll Stiftung* (Decker et al., 2020). Auch hier betrug der Anteil von Verschwörungsgläubigen etwa ein Drittel (Tab. 6).

Tab. 6: Zustimmung bzw. Ablehnung zur Verschwörungsmentalität 2020 (in %) (Decker et al., 2020)

Aussage	stimme nicht zu	teils/ teils	stimme zu
Die meisten Menschen erkennen nicht, in welchem Ausmaß unser Leben durch Verschwörungen bestimmt wird, die im Geheimen ausgeheckt werden.	50	20	**30**
Es gibt geheime Organisationen, die großen Einfluss auf politische Entscheidungen haben.	44	18	**38**
Politiker und andere Führungspersönlichkeiten sind nur Marionetten der dahinterstehenden Mächte.	48	19	**33**

Von 2018 bis 2020 ist die manifeste Verschwörungsmentalität in Deutschland von 30 % auf 38 % angestiegen. In Westdeutschland liegt sie bei 35 %, in Ostdeutschland bei 51 %. Mittels statistischer Verfahren wurde ein »autoritäres Syndrom« ermittelt, zu dem auch die Verschwörungsmentalität gehört. Mit dem Verschwörungsglauben würden autoritäre Bedürfnisse befriedigt. Während etablierten Institutionen und Akteuren die Autorität abgesprochen werden, wird sich alternativen »Theorien« und neuen »Autoritäten« bereitwillig unterworfen. Laut Studie setzte sich das autoritäre Syndrom aus zwei Dimensionen zusammen: Dem Sadomasochismus, der sich in autoritärer Aggression, autoritärer Unterwürfigkeit und Konventionalismus ausdrückt und der Projektivität mit den Komponenten Verschwörungsmentalität und Aberglaube. Verschwörungsmentalität und Aberglaube stellen beides Reaktionen auf die Undurchschaubarkeit gesellschaftlicher Prozesse dar, indem nach Sinn, Muster und Motiven in der äußeren Umgebung gesucht wird. Doch während die Verschwörungsmentalität Ausdruck einer Projektion negativer Impulse ist, ist Aberglauben ein projektiver Mechanismus, bei dem der Wunsch nach Schutz und Kontrolle nach außen verlagert wird (Schicksal). Aberglaube ist weit verbreitet: 42 % glauben an Glücksbringer, 28 % an Wahrsager:innen, 29 % an

Wunderheiler:innen und 33 % an Sternzeichen bzw. Geburtshoroskop (ebd.).

Auch die *Konrad-Adenauer-Stiftung* hat eine Studie zum Verschwörungsglauben in der Corona-Krise vorlegt (Roose, 2020a). Danach halten 14 % der Bevölkerung die Aussage über eine Corona-Verschwörung (»Das Corona-Virus ist nur ein Vorwand, um die Menschen zu unterdrücken.«) für wahr. Menschen mit geringeren formalen Bildungsabschlüssen sind dafür empfänglicher als andere, ebenso Anhänger:innen der AfD. 24 % halten die Aussage über eine Weltverschwörung (»Es gibt geheime Mächte, die die Welt steuern.«) für sicher richtig, wobei der Glaube an eine Weltverschwörung in der Corona-Krise, mit Ausnahme der AfD-Anhänger:innen, offenbar nicht zugenommen hat. Unterschiede zwischen den Geschlechtern und zwischen Ost und West sind nicht feststellbar. Allerdings glauben mehr Menschen mit Migrationshintergrund als Menschen ohne Migrationshintergrund an eine Weltverschwörung. Das gilt auch für Menschen in schwierigeren Lebenslagen (z. B. Arbeitslosigkeit, Finanzprobleme). Verschwörungsgläubige nutzen weniger die öffentlich-rechtlichen Medien für politische Nachrichten, weil sie ihnen auch wenig(er) vertrauen (Roose, 2020b).

Eine internationale Studie der *Friedrich-Naumann-Stiftung* vom Sommer 2020 unter Erwachsenen (18 bis 65 Jahre) zeigt, dass der auf die Corona-Pandemie bezogene Verschwörungsglaube ein weltweites Phänomen ist. Tab. 7 stellt die Befunde zu einzelnen Aussagen in ausgewählten Ländern dar.

Tab. 7: Verbreitung von Corona-bezogenem Verschwörungsglaube in ausgewählten Ländern (Zustimmung in %) (Friedrich Naumann Stiftung, 2020)

Aussage	Deutschland	Indien	Südafrika	USA
Bill Gates will zur Bekämpfung des Corona-Virus Menschen Mikrochips einpflanzen.	16	30	45	29
Bill Gates hat mehr Macht als die Regierung in ihrem Land	25	30	56	20

Tab. 7: Verbreitung von Corona-bezogenem Verschwörungsglaube in ausgewählten Ländern (Zustimmung in %) (Friedrich Naumann Stiftung, 2020) – Fortsetzung

Aussage	Deutschland	Indien	Südafrika	USA
Das Corona-Virus ist eine chinesische Bio-Waffe.	13	72	35	32
Es gibt einen Zusammenhang zwischen der Verbreitung des Corona-Virus und dem Ausbau des 5G-Internet-Netzes.	7	19	24	19
Radio, Fernsehen und Zeitungen/Zeitschriften verschweigen auf Druck der Regierung ihres Landes Tatsachen über das Corona-Virus.	34	51	56	47

Laut dieser internationalen Studie ist mit der Corona-Pandemie eine »*Infodemie*«, also die Verbreitung von Desinformationen und Falschmeldungen verbunden. Solche »Corona-Fakes« sind z. B., dass Bill Gates Menschen mittels Impfungen Mikrochips implantieren wolle, dass er mehr Macht als Regierungen in den Ländern hätte oder die WHO gekauft habe. Bill Gates ist somit das globale Feindbild Nummer 1 bei den Corona bezogenen Verschwörungserzählungen (▸ Kap. 5.3). Als weitere Feindbilder werden China, das angeblich das Corona-Virus als Biowaffe entwickelt hätte, sowie die etablierten Medien, die die Wahrheit über das Corona-Virus verschweigen würden, angesehen. Laut Studie haben sich Fake News und Desinformationen noch nie so schnell verbreitet wie in der Corona-Pandemie und das sowohl in autokratischen als auch in demokratischen Staaten. Immerhin räumt etwa die Hälfte der Befragten selbstkritisch ein, Schwierigkeiten zu haben, zwischen seriösen Nachrichten und bewussten Falschmeldungen unterscheiden zu können. Drei Viertel (in Deutschland die Hälfte) zeigten sich über die Zunahme von bewussten Falschmeldungen beunruhigt. Insgesamt zeige sich eine substanzielle Vertrauenskrise in die Medien. Eine Glaubwürdigkeitskrise der Medien könne sich eine Demokratie aber nicht leisten (ebd.).

Die empirischen Studien *resümierend* lässt sich festhalten, dass der Verschwörungsglaube in Deutschland, einem vermeintlich aufgeklärten Land, ebenso wie in anderen Ländern kein Randphänomen darstellt, sondern unter jungen wie älteren Menschen weit verbreitet ist. Auch wenn Verschwörungsglaube kein neues Phänomen ist, so wird er im digitalen Zeitalter sichtbarer und virulenter. Zugleich lassen sich Verschwörungserzählungen durch soziale Medien leichter verbreiten. Die Corona-Pandemie erweist sich dabei als idealer Nährboden und Katalysator. Als Risikofaktoren für Verschwörungsgläubigkeit wurden der Bildungshintergrund und das soziokulturelle Milieu sowie Gefühle der Benachteiligung, Entfremdung, Machtlosigkeit und Ausgrenzung ermittelt. Hier ist der in Kap. 4 (► Kap. 4) beschriebene wahrgenommene Kontrollverlust wohl ausschlaggebend. Durch massenhafte Verbreitung von Falschnachrichten (»Infodemie«) fällt es schwieriger, zwischen wahr und falsch zu unterscheiden. Auch die politische Orientierung hat Einfluss auf die Verschwörungsmentalität. So haben rechtspopulistisch eingestellte Menschen die höchste Zustimmungsrate zu Verschwörungserzählungen. Gleichwohl darf Verschwörungsglaube nicht auf ein Problem des rechten politischen Spektrums reduziert werden. Ohnehin ist es nicht leicht, ein klares, eindeutiges Bild von »typischen Verschwörungsgläubigen« zu zeichnen. Die Gruppe ist bunt und vielfältig, was den Umgang mit ihr nicht einfach macht.

Für die *Prävention* lässt sich folgern, dass einerseits Aufklärung und Bildung die Chancen erhöhen, weniger empfänglich für Verschwörungsglauben zu sein, dass andererseits dies aber nicht hinreichend ist. Da es nicht den oder die typische(n) Verschwörungsgläubige:n gibt, erübrigt sich auch eine eindimensionale Gegenstrategie. Vielmehr müssen Gegenstrategien auf mehreren Ebenen ansetzen und persönliche, soziokulturelle, ökonomische und politische Dimensionen mit einbeziehen. Zunehmende Bedeutung gewinnt dabei der Medienbereich, da eine funktionierende Demokratie auf glaubwürdige Medien und Vertrauen angewiesen ist.

Wiederholungsfragen:

- Wie anfällig sind junge Menschen für Verschwörungsglauben?
- Was sind Risikofaktoren für Verschwörungsgläubigkeit?
- Was lässt sich daraus für die Prävention ableiten?

5

Rechts, links oder geradeaus?
Gefährdung der Demokratie

In diesem Kapitel werden unterschiedliche Spielarten von Verschwörungsmythen aus theoretischer wie empirischer Perspektive beleuchtet und nach deren *Gefährdungspotenzial für die Demokratie* gefragt. Einen besonderen Schwerpunkt bilden aktuelle Verschwörungsideologien in rechtsextremen Medienökosystemen. Abschließend wird versucht, eine Abgrenzung zwischen realen Verschwörungen, legitimer Gesellschaftskritik und Verschwörungsglauben vorzunehmen.

»Rechts« und »links« als Pole des politischen Spektrums sind historisch auf die Sitzverteilung in der Nationalversammlung des revolutionären Frankreichs zurückzuführen. Auf der rechten Seite des Raumes saßen die Konservativen, welche weite Teile der bestehenden Ordnung erhielten und das gesamte politische System lediglich geringfügig modifizieren wollten. Links saßen die progressiveren Versammlungsmitglieder, die auf radikalere oder transformatorische Veränderungen drängten (Gibowski, 1977).

5.1 Verschwörungsmythen von »rechts«

Verschwörungsmythen von »rechts« spielen im Spektrum der Verschwörungsmythen eine dominierende Rolle (► Kap. 1.3 und ► Kap. 5.3).

Als immanenter Bestandteil dienen sie als Klebstoff und Radikalisierungsbeschleuniger – ganz gleich, unter welchen Begriffen die Phänomene betrachtet werden: Rechtsextremismus, Rechtspopulismus oder Gruppenbezogene Menschenfeindlichkeit (► Abb. 10):

Zu den Begriffen Rechtsextremismus oder Rechtspopulismus gibt es keine einheitlichen Definitionen. Beim *Rechtsextremismus* wird zwischen einem amtlichen Begriff, die verfassungsrechtliche Perspektive, und einem sozialwissenschaftlichen Begriff unterschieden (Friedrich-Ebert-Stiftung, Stöss, 2010). Beim amtlichen Begriff geht es um verfassungsfeindliche Bestrebungen, d. h. um Bestrebungen, die gegen die freiheitlich demokratische Grundordnung gerichtet sind, z. B. gegen solche Prinzipien wie Menschenrechte, Volkssouveränität, Gewaltenteilung, Mehrparteienprinzip, Unabhängigkeit der Gerichte u. a. Im Mittelpunkt des sozialwissenschaftlichen Begriffs steht weniger die Ablehnung von Verfassungsprinzipien, sondern vor allem die Vorstellung von natürlicher Ungleichheit.

> »Rechtsextremismus bezeichnet die Gesamtheit von Einstellungen, Verhaltensweisen und Aktionen [...], die von der rassisch oder ethnisch bedingten sozialen Ungleichheit der Menschen ausgehen, nach ethnischer Homogenität von Völkern verlangen und das Gleichheitsgebot der Menschenrechts-Deklarationen [...] und den Wertepluralismus einer liberalen Demokratie ablehnen rückgängig machen wollen« (Jaschke, 2001, S. 30).

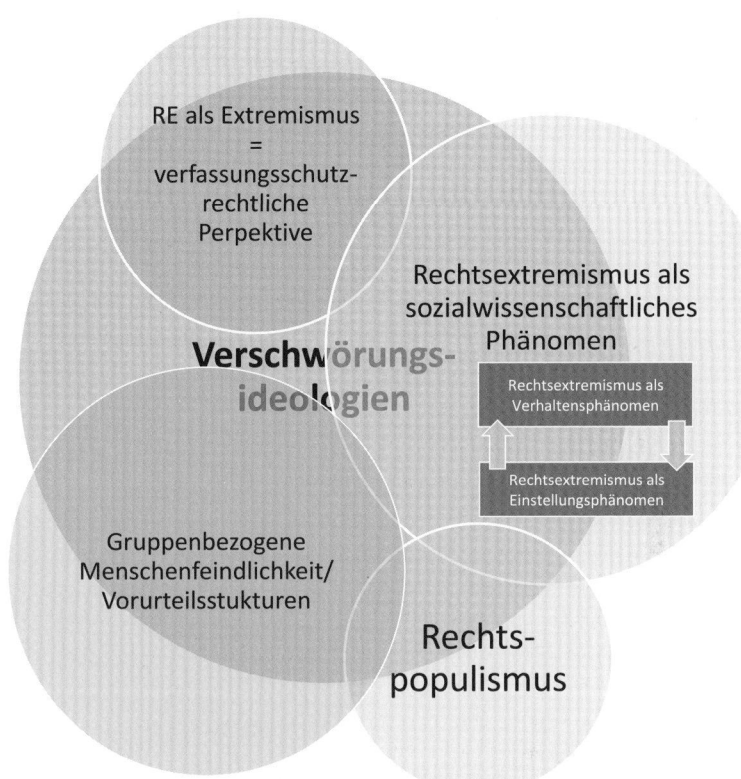

Rechtsextremismus als Verhaltensphänomen

Rechtsextremismus als Einstellungsphänomen

Abb. 10: Verschwörungsideologien im Kontext (angelehnt an May & Heinrich, 2020)

Im Zentrum des *Rechtspopulismus* steht ein dichotomes Weltbild (Volk vs. Elite) sowie solche Merkmale wie Anti-Intellektualismus (Simplifizierung komplexer Zusammenhänge), Antipolitik, Personalisierung (Berufung auf »gesunden Menschenverstand«), Polarisierung, Moralisierung (Mobilisierung von Vorurteilen) sowie die Enthüllung von vermeintlichen Verschwörungen (Priester, 2012; Schedler, 2019).

Die mit Rechtsextremismus und Rechtspopulismus verbundenen Phänomene basieren meist auf Vorurteilsstrukturen, die als *Gruppen-*

bezogene Menschenfeindlichkeit bezeichnet werden. Damit sind solche Vorurteilsformen wie Rassismus, Antisemitismus, Sexismus oder die Abwertung homosexueller, behinderter, langzeitarbeitsloser oder obdachloser Menschen gemeint. Sie bilden ein Syndrom, d. h. sind eng miteinander verwoben, und haben einen gemeinsamen Kern: die Ideologie der Ungleichwertigkeit (Heitmeyer et al., 2020).

All die genannten Merkmale wie Vorurteile, Ungleichheitsideologien, dichotomes Weltbild, Anti-Intellektualismus, Simplifizierung oder Moralisierung sind auch Merkmale rechtsextremer Verschwörungsideologien. Insbesondere die Nähe zum Rechtspopulismus ist augenfällig, wenn man sich die typischen Feindbilder von Verschwörungsmythen anschaut (Tab. 8).

Tab. 8: Selbst- und Feindbilder Verschwörungsideologien (Amadeu Antonio Stiftung, 2015)

Selbstbild	Feindbild
Das Gute	Das Böse
»Wir hier unten«	»Die da oben«, Eliten
Volk, Mehrheit	Nicht-Volk, Minderheit
Wahrheit	Lüge
Opfer, Manipulierte, Betrogene	Täter, Manipulierende, Betrügende
transparent	geheim
arm, tüchtig	reich, faul
Idealistisch	materialistisch (gekauft/bezahlt)

Die Feindbilder verweisen aber auch auf das dunkelste Kapitel deutscher Geschichte: »Die Schoa begann nicht mit Gaskammern – sondern mit Verschwörungsmythen [...] Wir können den Anfängen nicht wehren, weil es ein steter Prozess ist« (Weisband & Röhlig, 2021). Deshalb ist es – insbesondere mit Blick auf politische Bildung –

notwendig, sich intensiver mit der Entstehung des Faschismus und seinen ideologischen Kontinuitätslinien bis in die Gegenwart zu beschäftigen.

Faschismus wird nach Roger Griffin als *paläogenetischen Ultranationalismus* definiert (Griffin, 2013). Im Faschismus ist die Gruppe an der Spitze der Gesellschaft ein negativ definiertes *Wir*. Negativ definiert bedeutet hier, dass das *Wir* in Abgrenzung von Gruppen und Eigenschaften entsteht, die als *nicht-Wir* definiert werden (z. B. aufgrund anderer Hautfarbe, Religionszugehörigkeit, Herkunft, etc.). Diese Definition ist also weniger auf die konkrete Beschreibung distinktiver Eigenschaften ausgelegt, als vielmehr auf die Abgrenzung zu als anders empfundenen. Unterhalb dieses *Wir* finden sich verschiedene Abstufungen anderer Gruppen, die je mehr sie von dem konstruierten *Wir* abweichen, umso weiter unten in der gesellschaftlichen Hierarchie verortet sind. Das Besondere an dieser Form der Konstruktion ist nicht die Hierarchie selbst, sondern die Konstruktion des *Wir* (oder auch der *In*-Group) und die Rechtfertigung bzw. die Abwesenheit einer (rationalen) Rechtfertigung für die absolute Dominanz dieser *Wir*-Gruppe. Genau hier setzt Griffins paläogenetischer Ultranationalismus an (ebd.).

In einer paläogenetischen Betrachtungsweise wird davon ausgegangen, dass die *In*-Group eine glorreiche Vergangenheit hat und sich nunmehr in einer Form der Unterdrückung befindet. Aus dieser Unterdrückung werde sich die *Wir*-Gruppe jedoch erheben und ihren rechtmäßigen Platz als Herrscher einnehmen. Diese narrativen Elemente geben dem *Wir* eine mythologische Bedeutung. Die *Wir*-Gruppe nimmt ihren rechtmäßigen Platz als Herrschende gemäß ihrem Schicksal an oder wird von ihren Feinden, den »Anderen«, von denen sie sich abgrenzt, durch Vermischung und/oder Gewalt vernichtet.

Ultranationalismus bezieht sich auf den Glauben, dass die Zugehörigkeit zu einer Nation eine persönliche Eigenschaft darstellt, genauso wie etwa physische Merkmale. Im Kontext des Ultranationalismus ist Nationalität dabei nicht nur eine Eigenschaft, sondern die entscheidende Eigenschaft. Entsprechend gehört es zu den Überzeugungen des

Ultranationalismus, dass eine Nation mehr ist als lediglich ein Rechtskonstrukt und dass die Zugehörigkeit darüber hinaus angeboren und unveränderlich ist. Damit einher geht eine implizite und oft auch explizite Xenophobie. Unter Ultranationalismus fällt daher auch die Bestrebung, alle »Fremden«, nicht der Nation Zugehörigen, aus dem Staatsgebiet zu verdrängen. Hier vermischen sich mythologische *Wir*-Erzählungen mit dem Ultranationalismus. Die Einteilung, wer wirklich zur Nation gehört und wer aufgrund anderer Eigenschaften nie dazugehören kann, orientiert sich an der mythologischen *Wir*-Erzählung. Dem Nationenkonstrukt werden im 20. Jahrhundert biologistische Eigenschaften angedichtet. Dass die Nazi-Terminologie Begriffe wie »Volkskörper«, »Schädling« oder »Volksgesundheit« in der Gleichsetzung von »Nation« und »Volk« verwendet, ist Ausdruck einer pseudowissenschaftlich-holistischen Betrachtungsweise (ebd.).

Griffins Faschismus-Definition beschreibt eine Gruppe von Ideen, die durch drei Merkmale gekennzeichnet ist: Erstens die Existenz einer *In-Group*, welche durch ein Widerauferstehungsnarrativ mit mythologischer Bedeutung aufgeladen wird. Aus dem jeweiligen Narrativ wird zweitens eine Bestimmung zur Herrschaftsposition in einer bestimmten Nation abgeleitet. Wird dieser Anspruch nicht mit allen Mitteln verfolgt, droht *drittens* die Vernichtung der *Wir*-Gruppe durch ihre Feinde. Diese drei Wesensmerkmale finden sich bis heute, zum Teil in gemäßigter Form, in rechtsextremen Verschwörungsmythen wieder.

So konstruieren rechtsextreme Verschwörungsmythen eine *Wir*-Gruppe und schaffen eine Abgrenzung zu anderen Gruppen. Daran anknüpfende Verschwörungserzählungen – wie etwa das gezielte Schwächen der *Wir*-Gruppe durch gezieltes Einschleusen von Migrant: innen, die Kontrolle der Medien oder das Fördern »abartiger« Lebensstile durch die Verschwörergruppe – dienen zudem zur Auflösung kognitiver Dissonanzen. So kann erklärt werden, warum die angeblich auserwählte *Wir*-Gruppe nicht bereits die dominante Kraft einer Gesellschaft ist. Sie entsprechen zudem der Idee eines existenziellen Kampfes zwischen diesen Fronten, bei dem jedes Mittel gerechtfertigt ist.

Rechtsextreme Verschwörungsmythen berufen sich dabei auf Glaubenssätze bezüglich der eigenen Gruppenidentität und den vermeintlichen Feinden. Daraus resultiert eine generelle Feindseligkeit gegenüber Intellektuellen, die sich in ablehnender Haltung gegenüber Akademiker:innen, Künstler:innen und Berufspolitiker:innen äußert. Dies deckt sich mit Verschwörungserzählungen, die diesen Gruppen eine konspirative Rolle zuschreiben. Wissenschaftliche Evidenzen stellen eine Bedrohung für geschlossene, dogmatische und glaubensbasierte Weltbilder dar. Es gehört folglich zu den Verhaltensmustern von Verschwörungsmythen, gegen ihre Ideologie vorgebrachte Evidenzen in ihr Weltbild zu inkorporieren, indem die Evidenzquellen der Verschwörergruppe zugeordnet werden (Paxton, 2005).

Rechtsextreme Verschwörungsmythen verfolgen schließlich Gesellschaftsideen, deren hierarchische Vorstellungen letztlich nur gewaltsam durchsetzbar sind. Für Gewaltanwendung bedarf es Rechtfertigungsnarrative. Verschwörungserzählungen können dazu dienen, die Ziele dieser Brutalität wie etwa bestimmte ethnische oder religiöse Gruppen als Teil einer größeren Bedrohung darzustellen und sie in den Kontext des Kampfes der *Wir*-Gruppe um die rechtmäßige Vorherrschaft und ihr Überleben einzuordnen (ebd.).

Gerade durch die Rückbindung rechtsextremer Verschwörungsmythen an faschistische Ideologievorläufer werden die Menschen- und Demokratiefeindlichkeit rechtsextremer Verschwörungsmythen deutlich. Welche Bedeutung Verschwörungsmythen für den Rechtsextremismus haben, fassen Nocun und Lamberty (2020) folgendermaßen zusammen:

>»Verschwörungsmythen sind integraler und brandgefährlicher Bestandteil von rechtsextremen Ideologien. Sie werden genutzt, um die eigene Gruppe zu festigen, und können zur Legitimierung von Gewalt herangezogen werden. Mit ihrer Hilfe werden Weltuntergangsfantasien geschürt und Hass verbreitet« (Nocun & Lamberty, 2020, S. 178).

Die Komplexität und Vernetzung dieses Zusammenhangs illustriert Abb. 11.

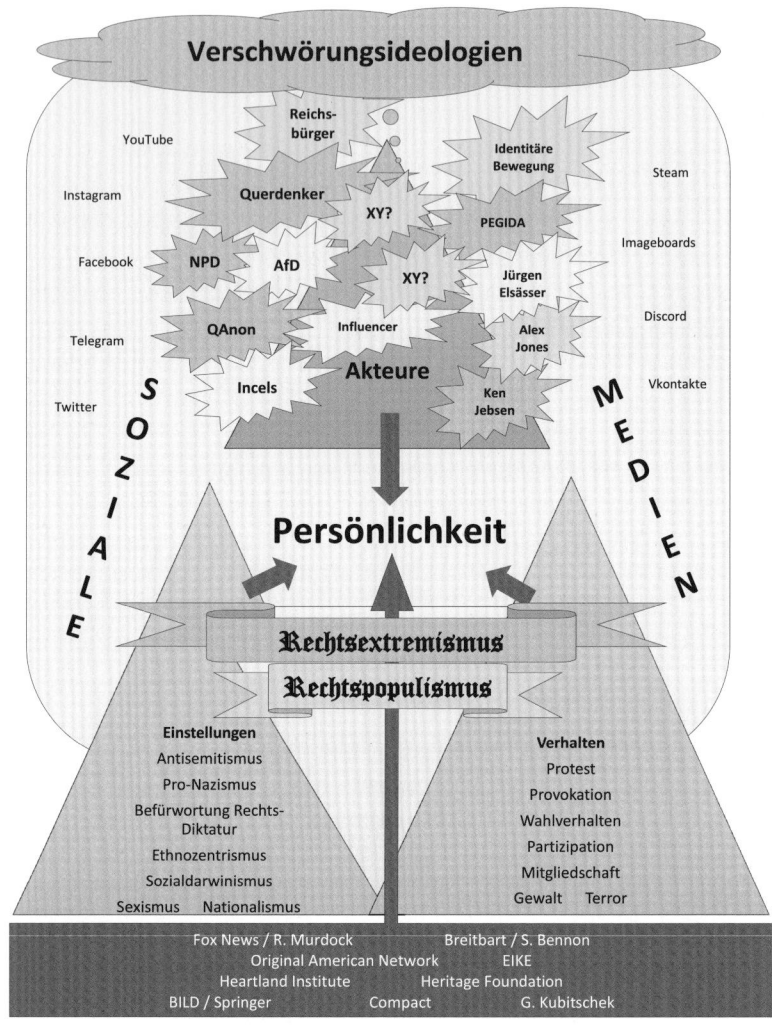

Abb. 11: Persönlichkeitsentwicklung im »Vulkan der Verschwörungsmythen« (eigene Darstellung)

Im »Vulkan der Verschwörungsideologien« entwickelt das Individuum seine Persönlichkeit unter dem Einfluss von sozialen Medien und den Initiator:innen bzw. Multiplikator:innen, die über rechtsextreme Medienökosysteme ihre Inhalte verbreiten und die Medien durchdringen wie Magma, das sich durch die Erdkruste einen Weg an die Oberfläche bzw. die Öffentlichkeit verschafft. In Form von Bewegungen, Gruppierungen oder einflussreicher Einzelpersonen werden sie zur Projektionsfläche in Filterblasen und Echokammern. Entweder agieren sie eigenständig auf mehreren Kanälen und Plattformen gleichzeitig oder sind das Ergebnis eines Netzwerkes aus Interessen von einflussreichen Unternehmen, Verlagen oder Instituten. Um eine größere Reichweite und Wirkung zu erlangen, suggerieren sie Scheinwissenschaftlichkeit und machen sich dabei die Manipulationsmöglichkeiten sozialer Medien zunutze.

Besonders deutlich wird diese Strategie bei den Neuen Rechten am Beispiel des »Compact«-Magazins. Seit 2020 ist es vom Bundesamt für Verfassungsschutz als »Verdachtsfall« eingestuft, hat während der Corona-Pandemie aber deutlich an Leser:innen, insbesondere unter AfD-Wähler:innen, dazugewonnen. Das Magazin – seit jeher rechtsextremen Verschwörungsideologien anhängig – hat zu den Corona-Schutzmaßnahmen ein Sonderheft zur »Corona Diktatur« herausgebracht. Darin warnt es vor einer angeblich geplanten »Impfpflicht für Kinder«. Unterlegt wird mit apokalyptischen Katastrophenszenen wie aus einem schlechten Hollywood-Blockbuster. Dabei wird behauptet, dass die Corona-Pandemie nur ein Vorwand für machthungrige Eliten (Bezug zu »jüdischen Eliten« bzw. Antisemitismus) und dass das Corona-Virus entweder eine Erfindung oder aber zumindest nicht so gefährlich sei: »Das Hauptproblem sei nicht das Virus, sondern die Angst davor« (Huesmann, 2021).

Problematisch ist diese Argumentation deshalb, weil auf diese geschürte Angst sogleich mit angeblichen Wundermitteln (Nahrungsergänzungsmittel, Heilsteine u. a.) als einfache Lösungen geworben wird – vornehmlich von den gleichen Verlagen und Firmen. Auch das Trinken von Chlorbleiche (so auch Ex-US-Präsident Donald Trump) verhindere eine Corona-Infektion und helfe gegen andere schwere

Krankheiten, so auch die ehemalige Fernsehmoderatorin Eva Hermann. Diese Werbung wird auf den Internetseiten und in den Publikationen jedoch nicht als solche gekennzeichnet. Das ist gesetzeswidrig, denn: »Das Gesetz gegen unlauteren Wettbewerb verbietet Werbung, die als redaktioneller Inhalt getarnt und nicht gekennzeichnet ist« (ebd.). Das »Compact«-Magazin reagierte nicht auf eine schriftliche Anfrage des Redaktionsnetzwerks Deutschland (ebd.).

Inzwischen hat sich eine feste und erfolgreiche Marktstruktur etabliert. Das »Compact«-Magazin hat rund 45.000 Abonnent:innen und das Online-Magazin verzeichnet mehr als 600.000 Besucher:innen im Monat. »Die Macher des Magazins wissen, wie man aufstachelt und Angst erzeugt. Und sie wissen auch, wie man aus dem verbreiteten Misstrauen in staatliche Maßnahmen und professionelle Medizin Kapital schlägt« (ebd.). Online-Shops sind hierzulande wie auch in den USA schon lange ein erfolgreiches Geschäftsmodell sowohl für die Verbreitung von Publikationen, Merchandise, aber auch für Nahrungsmittelzusätze, Ausstattung für das Überleben am Tag X, Waffen und Pseudo-Medikamente gegen Krankheiten. Mediziner:innen und Wissenschaftler:innen warnen eindringlich vor der Einnahme solcher Produkte (ebd.).

Weiterer Teil der Angst-Strategie ist die Instrumentalisierung von »Promis« (Michael Wendler, Xavier Naidoo, Eva Hermann u. a.) als Werbepartner:innen, durch die sie die Reichweite der vermarkteten Produkte erhöhen. Diese bewerben einerseits die Produkte, sind aber auch als Stimmungsmacher:innen effektiv, da sie die Argumentationslogik beherrschen und ihre Rhetorik gezielt zur Manipulation einsetzen. Damit fördern sie die Radikalisierung, sind Multiplikator:innen in der Verbreitung von Verschwörungsmythen und fordern mitunter sogar zur Abkehr vom demokratischen Diskurs auf. Das ist gefährlich, denn »Angst [...] ist ein schlechter Ratgeber. Sie ist jedoch ein gut funktionierendes Geschäftsmodell. Rechte Aktivistinnen und Aktivisten, aber auch findige Unternehmerinnen und Unternehmer haben es längst perfektioniert« (ebd.).

5.2 Verschwörungsmythen im Kontext von Demokratie-, Fremdenfeindlichkeit und Gewalt – Empirische Befunde

Welche Zusammenhänge bestehen zwischen Verschwörungsmythen, Demokratie- und Fremdenfeindlichkeit sowie Gewalt? Was sagen empirische Studien?

Verschwörungsideologien haben im Extremismus und Terrorismus schon immer eine große Rolle gespielt. Auch bei den rassistischen Gewalttaten von Christchurch, Kassel, Halle, Hanau usw. haben sie Einfluss gehabt. Bereits vorhandene demokratie- und menschenfeindliche Einstellungen wurden über die Sozialen Medien radikalisiert und mündeten schließlich in Gewalt. Auch wenn dies sicherlich Einzelfälle sind, ist die Annahme eines Zusammenhangs plausibel, denn wenn z.B. die politische Elite als Teil einer Verschwörung angesehen wird, dann ist Misstrauen gegenüber Demokratie die logische Folge. Wenn angenommen wird, dass politische Ziele nicht auf demokratischem Wege erreicht werden können, kommt unter Umständen auch Gewalt ins Spiel – schließlich herrscht die Überzeugung, dass (gewalttätige) Selbstverteidigung gegenüber einer vermeintlichen Bedrohung moralisch gerechtfertigt sei, wie beispielsweise der Sturm auf das US-Kapitol gezeigt hat.

Empirische Studien haben den Zusammenhang zwischen Verschwörungsideologien, Rechtsextremismus, Gewalt, Demokratie- und Fremdenfeindlichkeit untersucht. So hat die im Kapitel 5 (▸ Kap. 5) angeführte *Studie der Friedrich-Ebert-Stiftung* ermittelt, dass Verschwörungsgläubige höhere Zustimmungswerte bei den Dimensionen Demokratiemisstrauen, Gewaltbilligung und Gewaltbereitschaft haben (Lamberty & Rees, 2019) (Tab. 9).

Wer an Verschwörungen glaubt, distanziert sich eher vom demokratischen Diskurs. Drei Viertel der Verschwörungsgläubigen sind misstrauisch gegenüber der Demokratie. Zugleich ist bei ihnen die

Tab. 9: Zustimmung zu Demokratiemisstrauen, Gewaltbilligung und -bereitschaft in Abhängigkeit von Verschwörungsmentalität (in %) (Lamberty & Rees, 2019)

Verhaltensindikatoren	Verschwörungsmentalität	
	Ablehnung (n = 569)	Zustimmung (n = 356)
Demokratiemisstrauen	48	75
Gewaltbilligung	3	11
Gewaltbereitschaft	8	24

Gewaltbilligung und Gewaltbereitschaft um ein Vielfaches höher. Verschwörungsgläubigkeit, Demokratiedistanz und Gewalt hängen zusammen und bedingen sich gegenseitig.

Ähnliche Zusammenhänge sind auch zwischen Verschwörungsideologien und menschenfeindlichen Einstellungen nachweisbar. Auch das scheint folgerichtig, da in Verschwörungsmythen einflussreiche Gruppen (Juden, »Asylmafia«, »Gender-Ideologen« u. a.) ausgemacht werden, die ihre eigenen Interessen durchzusetzen versuchen, z. B. Unterdrückung, »Austausch« oder »Abschaffung« der deutschen Bevölkerung. Tab. 10 zeigt den Zusammenhang von Verschwörungsmentalität mit Dimensionen gruppenbezogener Menschenfeindlichkeit (GMF) (ebd.) (vgl. Tab. 10).

Tab. 10: Zustimmung zu GMF-Facetten in Abhängigkeit von Verschwörungsmentalität (in %) (Rees & Lamberty, 2019)

Menschenfeindliche Einstellungen	Verschwörungsmentalität	
	Ablehnung (n = 569)	Zustimmung (n = 356)
Abwertung asylsuchender Menschen	44	68
Abwertung Sinti & Roma	15	38
Israelbezogener Antisemitismus	14	38

Tab. 10: Zustimmung zu GMF-Facetten in Abhängigkeit von Verschwörungsmentalität (in %) (Rees & Lamberty, 2019) – Fortsetzung

Menschenfeindliche Einstellungen	Verschwörungsmentalität	
	Ablehnung (n = 569)	Zustimmung (n = 356)
Fremdenfeindlichkeit	10	38
Muslimfeindlichkeit	8	38
Abwertung von Trans*Menschen	8	19
Sexismus	4	17
Klassischer Antisemitismus	2	10

Bei allen angeführten Dimensionen gruppenbezogener Menschenfeindlichkeit (GMF) ist die Zustimmung der Verschwörungsgläubigen im Vergleich zu denen, die nicht an Verschwörungen glauben, deutlich höher. Allerdings ist bei Letzteren die Abwertung asylsuchender Menschen auch recht hoch. Analysen ergaben, dass Personen mit ausgeprägter Verschwörungsmentalität generell stärker zu sämtlichen GMF-Facetten neigen, vor allem zu Muslimfeindlichkeit, Fremdenfeindlichkeit und Antisemitismus. Der ideologische Kern sind Ideologien der Ungleichwertigkeit, die sich neben der Verschwörungsmentalität auch in rechtsgerichtetem Autoritarismus und sozialer Dominanzorientierung ausdrückt. Verschwörungsmentalität und Rechtpopulismus haben große Schnittmengen: Von den Verschwörungsgläubigen neigen 40 % zu rechtspopulistischen Einstellungen. Bei Personen, die Verschwörungen ablehnen, sind dies 9 %. Zwei Fünftel des Verschwörungsgläubigen sind demnach dem rechten bzw. rechtspopulistischem Spektrum zuzuordnen (ebd.).

Die in Kap. 4 (▸ Kap. 4) angeführte *Schweizer Studie* unter Jugendlichen und Erwachsenen (Baier & Manzoni, 2020) konnte nachweisen, dass Verschwörungsmentalität mit extremistischen Einstellungen zusammenhängt. Für Jugendliche gilt dies im besonderen Maße. Die Ausbreitung von Verschwörungsideologien fördert somit extremistische Einstellungen, vor allem unter Jugendlichen. Da ein Zusammenhang von Einstellungen und Verhalten annehmbar ist, lässt sich schlussfolgern, dass Verschwörungsideologien zu gewalttätigem Extremismus beitragen. Umso problematischer – so die Studie – sei deshalb der hohe Anteil Jugendlicher wie Erwachsener mit Verschwörungsmentalität. Gerade für Jugendliche sei im Hinblick auf Extremismus eine Verschwörungsmentalität besonders folgenreich, weshalb mehr *Prävention* angemahnt wird (ebd.).

Die *Leipziger Autoritarismus Studie* (Decker et al., 2020) ist dem Zusammenhang von Verschwörungstheorien und gesellschaftlichem Zusammenhalt nachgegangen. Verschwörungsmentalität wurde dabei als eine zentrale Dimension von Autoritarismus identifiziert. Wie Verschwörungsmentalität, gesellschaftlicher Zusammenhalt und Legitimität von Demokratie zusammenhängen, zeigt Tab. 11:

Tab. 11: Korrelationen zwischen Zusammenhalt, Legitimität und Autoritarismus (Decker et al., 2020)

Indikatoren	Verschwö-rungsmen-talität	Rechtsex-tremismus	Antisemi-tismus	Muslim-feindschaft
Legitimität: Demokratie ist das politisches System, das am besten zur Gesellschaft passt	**-.32**	–.35	–.26	–.21
Systemunterstützung: Demokratie, wie sie in der Verfassung steht	**-.32**	–.34	–.24	-.26
Systemunterstützung: Zufriedenheit mit der aktuellen Demokratie	**-.35**	–.31	–.22	-.22
Interpersonales Vertrauen: Den meisten Menschen kann man vertrauen	**-.30**	–.36	–.30	-.27

Tab. 11: Korrelationen zwischen Zusammenhalt, Legitimität und Autoritarismus (Decker et al., 2020) – Fortsetzung

Indikatoren	Verschwörungsmentalität	Rechtsextremismus	Antisemitismus	Muslimfeindschaft
Toleranzdimension: Solange die Freiheit anderer nicht verletzt wird, kann jeder so leben, wie er will	-.15	-.26	-.18	-.31
Akzeptanz von Pluralität: Verschiedene Lebensweisen und zunehmende Vielfalt bereichern uns	-.31	-.51	-.34	-.51
Etablierten Vorrechte: Wer schon immer hier lebt, sollte mehr Rechte haben als die, die später zugezogen sind	+.30	+.53	+.39	+.51

Der Zusammenhalt einer Gesellschaft ist von der Unterstützung des politischen Systems durch die Bürger:innen abhängig. Tab. 11 zeigt, dass zwischen politischer Legitimität und Systemunterstützung einerseits und Verschwörungsmentalität sowie rechtsextremen Einstellungen andererseits ein negativer Zusammenhang besteht. Das heißt, dass Personen mit Verschwörungsideologien bzw. rechtsextremen, antisemitischen oder muslimfeindlichen Einstellungen die Demokratie sowohl als Idee als auch in der Realität eher ablehnen. Je größer die Zahl in der Tabelle sich + 1 oder – 1 annähert, desto enger ist dieser Zusammenhang. Zugleich lehnen diese Personen auch eine pluralistische Gesellschaft eher ab und vertreten die Position, dass die »autochthone Bevölkerung« Vorrechte gegenüber Zugewanderten haben sollte. Auffällig ist auch der Befund, dass diese Personen offenbar ein mangelndes Grundvertrauen gegenüber Menschen

generell haben. Umgekehrt sind tolerante Menschen mit Sozialver-
trauen deutlich weniger anfällig für Verschwörungserzählungen und
auch weniger empfänglich gegenüber Rechtsextremismus und Rassismus (ebd.).

Die *Leipziger Autoritarismus Studie* zeigt somit statistische Beziehungen zwischen Verschwörungsmentalität, Antipluralismus und
genereller Intoleranz (mangelnde Wertschätzung anderer) sowie
deren Folgen für Demokratieakzeptanz auf. Werte eines übergreifenden sozialen Zusammenhalts wie interpersonales Vertrauen und
Toleranz können dem entgegenwirken. Darüber hinaus ermittelte die
Studie, dass sich Menschen, die sich in ihren Leistungen nicht
genügend anerkannt fühlen (z. B. viele Ostdeutsche), die Demokratie
weniger akzeptieren. Wenn Antidemokrat:innen und Verschwörungsgläubige in die Nähe rechtsradikaler Parteien geraten, können
fehlende Anerkennung und Verschwörungsglaube zu einer Ausbreitung rechtsextremer Einstellungen führen. Fazit der Studie:

> »Zurzeit ist die demokratische politische Kultur in Deutschland ausgespro-
> chen stabil und tief verankert. Gleichwohl unterhöhlen Antipluralismus und
> Verschwörungstheorien die demokratische politische Kultur. Ein Grund,
> ihnen entgegenzuwirken« (ebd., S. 115).

Welche Rolle spielen Verschwörungsideologien bei rechtsextremen Gewalttaten?

Der Konflikt- und Extremismusforscher Wilhelm Heitmeyer hat in
seinem Buch »Rechte Bedrohungsallianzen« (2020) ein *Handlungsmuster
rechtsextremer Vernichtungstaten*, einschließlich der Rolle von Verschwörungsideologien, entworfen und auf reale Vernichtungstaten des
Nationalsozialistischen Untergrund (NSU) sowie den Täter von Halle
und Hanau angewandt. In seinem Modell werden soziologische,
sozialpsychologische und kommunikationstheoretische Ansätze verknüpft. Ebenso sind empirische Analysen eingeflossen (Heitmeyer
et al., 2020). Das Modell besteht aus 16 Komponenten, ausgehend vom
Sozialisationskontext der Täter bis zur Vernichtungstat. Abb. 12 gibt

das Modell wieder, wobei besonderer Wert auf Radikalisierungsprozesse durch Verschwörungsideologien gelegt wird.

Das Modell geht von der Theorie der sozialen Desintegration aus: Menschen suchen sich alternative Anerkennungsquellen, wenn sie in Beruf, Familie oder als Bürger:in nicht genug Anerkennung erfahren. Dies kann dazu führen, dass man sich selbst als benachteiligt fühlt oder als Opfer einer fremden Gruppe (Juden, Muslime, Flüchtlinge) konstruiert, wobei man sich selbst für überlegen hält. Das Anerkennungsbedürfnis wird zum Radikalisierungsimpuls, wenn es um etwas »Großes« geht, z. B. »Retter der weißen Rasse« zu sein.

Die Radikalisierungsimpulse wiederum werden von Produzent:innen von Ideologien, einschließlich Verschwörungsideologien, geliefert. Damit lassen sich Opferkonstruktionen zuspitzen und moralisch aufladen, so dass Gewaltaktionen als legitime Mittel erscheinen. Über die positive Bezugsgruppe wird die notwendige Anerkennung rückgemeldet, z. B. auch im virtuellen Raum.

Bei der Markierung von Feindgruppen und der Auswahl terroristischer Ziele spielen neben den Ideologiezuliefer:innen auch das gesellschaftliche Klima und gruppenbezogene menschenfeindliche Einstellungen in der Bevölkerung eine Rolle. Der Vernichtungswille wird angeheizt durch eine grundlegende Konfliktstruktur, z. B. entweder »wir« oder »die Anderen«. Wenn es beispielsweise um die »Rettung des deutschen Volkes vor dem Untergang« geht, gibt es keine Verhandlung mehr – da erscheint Gewalt als Ultima Ratio, als eine Art Notwehr. Der Vernichtungswille wird dann über ein Durchspielen verschiedener Handlungsoptionen, auch auf virtuellen Simulationsplätzen, in ein Vernichtungsskript überführt. Darauf aufbauend wird die Tat logistisch vorbereitet, z. B. Waffenbeschaffung, und die konkrete Tat geplant. Die Vernichtungstat selbst soll dann eine zweifache Botschaft aussenden: sowohl an die eigene Bezugsgruppe als auch an die negative Bezugsgruppe, an die Gesellschaft oder die ganze Welt. Die angestrebte Anerkennung erfährt der/die Täter:in vor allem durch Bestätigung und Heroisierung in der Eigengruppe und durch Angsterzeugen bei anderen. Insgesamt verdeutlicht das Modell die komplexen Zusammenhänge, die zu einer

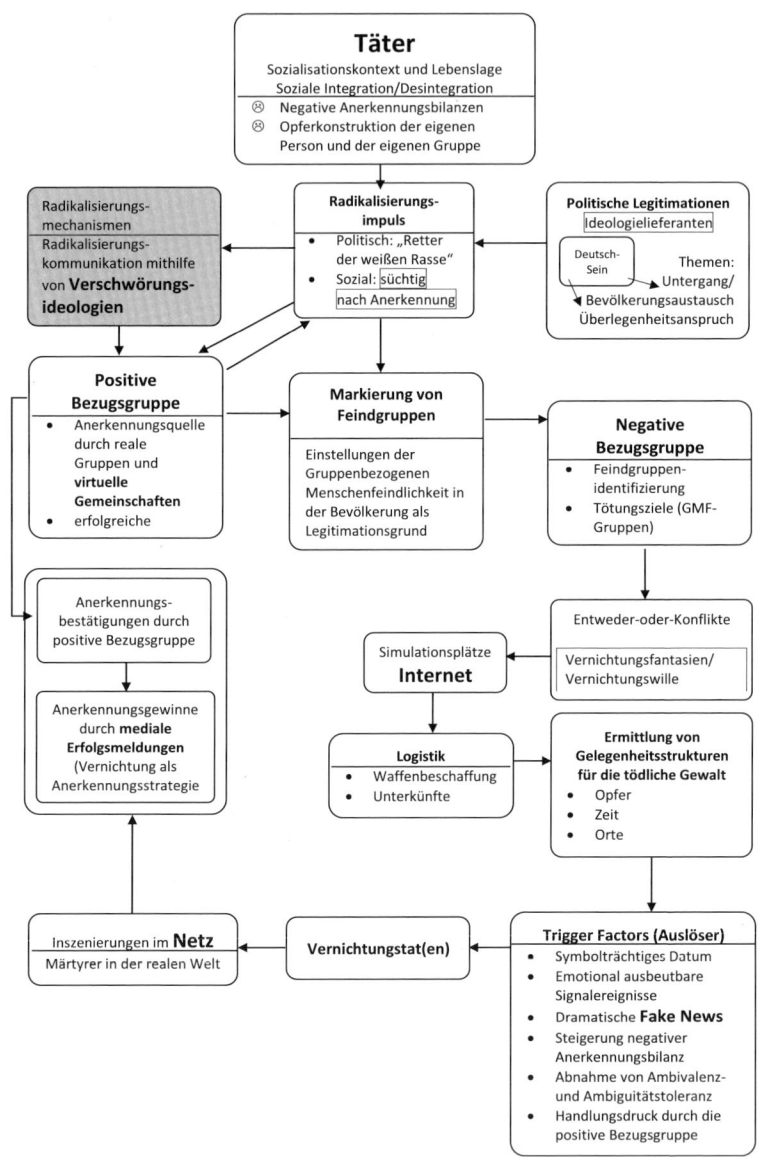

Abb. 12: Modell eines Handlungsmusters (Heitmeyer et al., 2020, S. 227)

rechtsextremen Gewalttat führen, einschließlich der Rolle von Verschwörungsideologien als Radikalisierungsbeschleuniger. Zugleich dürfe durch den öffentlichen Rekurs auf psychologische Auffälligkeiten der Gewalttäter:innen der problematische Einfluss der Ideologiezuliefer:innen und die Verantwortung der gesamten Gesellschaft nicht ausgeblendet werden (ebd.).

Was denken »Querdenker«?

Der Soziologe Oliver Nachtwey hat mit einem Forschungsteam im November 2020 die Teilnehmenden von Corona-Demonstrationen in Deutschland (Konstanz, Leipzig u. a.) und der Schweiz sowohl per Interview als auch per Online-Fragebogen (1.150 Antworten, davon 850 aus Deutschland) untersucht. Als Ergebnis wurde Folgendes ermittelt: Die Bewegung der Querdenker ist heterogen und widersprüchlich. Es handelt sich nicht um *eine* soziale Gruppe, sondern gleich um mehrere, die über gemeinsame Mentalitäten, insbesondere die Verschwörungsmentalität, miteinander verbunden sind. Sozialstrukturelle Daten verweisen auf eine relativ ältere und akademisch geprägte Bewegung. Das Durchschnittsalter betrug 47 Jahre, etwa ein Drittel hat Abitur und einen Studienabschluss. Mehr Frauen als Männer waren unter den Befragten. Ein Viertel war selbständig, was einen deutlich erhöhten Anteil darstellt. Charakteristisch sei eine starke Entfremdung von den Institutionen des politischen Systems und den Volkparteien. Hinsichtlich der Parteienpräferenz kommt die Bewegung eher von links, tendiert aber mittlerweile eher nach rechts (Institut für Soziologie, Nachtwey et al., 2020).

Inzwischen wird die Bewegung der Querdenker sogar offiziell vom Verfassungsschutz beobachtet. Aufgrund der Heterogenität der Anhänger:innen wurde hierzu extra eine neue Kategorie eingeführt mit der Bezeichnung »Verfassungsschutzrelevante Delegitimierung des Staates« (Götschenberg, 2021).

Zentrales Merkmal der Querdenker ist der *Verschwörungsglaube*. Auch eine relative Neigung zum Antisemitismus sei vorzufinden. Das

Verschwörungsdenken betrifft die Regierung, die Medien und die Corona-Maßnahmen (Ausnahme: Klimawandel). Die Hälfte ist überzeugt, dass es geheime Organisationen gibt, die großen Einfluss auf politische Entscheidungen haben. Etwa 60 % sind der Ansicht, dass Bill Gates eine Zwangsimpfung für die ganze Welt anstrebt. Drei Viertel sind der Meinung, dass Medien und Politik unter einer Decke stecken; ebenso viele, dass die Regierung der Bevölkerung die Wahrheit verschweigt (ebd.). Insgesamt seien die Querdenker nicht überdurchschnittlich fremden- oder islamfeindlich, zum Teil sogar anti-autoritär und der Anthroposophie zugeneigt. Allerdings sei die Bewegung sehr dynamisch und nach rechts offen, was ein beachtliches Radikalisierungspotenzial in sich berge (ebd.).

Qualitative Zugänge (Interviews, Dokumentenanalysen) erbrachten darüber hinaus folgende Erkenntnisse: Die Kritik der Teilnehmenden richtet sich weniger auf konkrete Maßnahmen, sondern eher dagegen, dass Kritik generell nicht möglich sei. Kritik üben wird somit zum Hauptzweck. Das betrifft auch die Glaubwürdigkeit der von Querdenker genutzten (alternativen) Informationsquellen. Die Glaubwürdigkeit beruht auf deren kritische Stimme, ist somit vor allem Glaubwürdigkeit durch Kritik. Letztlich kann dies dazu führen, dass alles unter »Generalverdacht« gestellt wird: die Reichen und Mächtigen, die Wissenschaft, die Schulmedizin, die Justiz, Polizei usw. Von dort aus ist es nicht mehr weit bis zu den Verschwörungserzählungen um 9/11 oder zum Vergleich mit der NS-Zeit. Bei den Querdenker sei außerdem ein romantisches Motiv zu finden, und zwar das Motiv von heldenhaften, opferbereiten Widerstandskämpfer:innen, die gegen die Strategie ankämpfen, Menschen ängstigen zu wollen, damit man sie kontrollieren könne. Sie sehen sich in ihrer Abweichung vom Mainstream verkannt und geächtet, zugleich fühlen sie sich mit ihrer Expertise dem Mainstream überlegen (ebd.).

Als vorläufiges Fazit der Studie wird die Corona-Dissidenz als Ausdruck einer »fundamentalen Legitimationskrise der modernen Gesellschaft« gedeutet (ebd., S. 61). Das Projekt der Moderne habe bei den Befragten seine normative Anziehungskraft eingebüßt. Die Entfremdung zeige sich sowohl in der Distanz gegenüber den

Institutionen der liberalen Demokratie als auch in der Hinwendung zu ganzheitlichen, anthroposophischen Denkweisen. Querdenker sollten nicht pathologisiert werden, vielmehr sollte auch danach gefragt werden, was für eine Gesellschaft solche Bewegungen hervorbringt.

Der Extremismusforscher Stefan Goertz, der den Einfluss von Extremisten auf die »Corona-Proteste« analysiert hat, warnt unter Bezugnahme auf Verfassungsschutzbehörden vor einer neuen Art von Extremismus. Ausgeprägter Glaube an Verschwörungstheorien wie QAnon (▶ 5.3) könne kriminelle Handlungen fördern. Dabei würden extremistische, verschwörungsideologische und antisemitische Inhalte mit legitimer Kritik an Corona-Maßnahmen vermischt (Goertz, 2021).

Welche Rolle spielt Hatespeech?

Hatespeech (Hassreden, -botschaften, -nachrichten) ist in vielfältiger Weise mit Verschwörungsmythen und -erzählungen verwoben. Hatespeech ist sowohl immanenter Bestandteil von Verschwörungsmythen als auch Mittel zu deren Verbreitung. Das erklärt sich aus den Wesensmerkmalen von Hatespeech. Wir verstehen unter Hatespeech eine kommunikative Ausdrucksform (Sprache, Texte, Bilder, Filme usw.) mit Botschaftscharakter, die Bevölkerungsgruppen, z. B. aufgrund von Herkunft, Religion, Geschlecht, sexueller Orientierung u. a., absichtlich und öffentlich ausgrenzt, verachtet oder abwertet. Hatespeech kann online und offline erfolgen, wobei die »digitale Hasskultur« zunehmend in den Fokus gerückt ist (Wachs et al., 2020). Im Zuge der Corona-Pandemie hat sich Hatespeech schnell verbreitet und weiter radikalisiert: Sexistische, rassistische, rechtspopulistische, rechtsextreme und vor allem verschwörungsideologische Hatespeech gegen Eliten, die Wissenschaft, das Judentum, den Islam, prominente Stifter:innen u. a., erhalten vermehrt Zuspruch. Hasskampagnen in sozialen Medien gehen einher mit öffentlichen Inszenierungen des Hasses auf Straßen und Plätzen. Hatespeech verbindet, erklärt die Welt, übt Macht und Kontrolle aus, ersetzt

Misstrauen gegenüber anderen durch Vertrauen in die Hassgemeinschaft und stärkt deren Selbstwert. Sie bestimmt, wer dazugehört (*Wir*) und wer ausgeschlossen werden soll (*Die*) und vergiftet so das Zusammenleben (Wachs et al., 2021b).

Die »digitale Hasskultur« gehört mittlerweile für viele Jugendliche zur Alltagserfahrung. Vor dem Hintergrund einer gestiegenen Mediennutzung werden Jugendliche zunehmend mit Hatespeech konfrontiert. So hat die *JIM-Studie 2020* (repräsentative Befragung von 12- bis 19-Jährigen im Sommer 2020) folgende Befunde ermittelt: 29 % der Jugendlichen berichteten, dass über sie falsche oder beleidigende Dinge verbreitet wurden, was ein Anstieg um etwa 10 % im Vergleich zu den Vorjahren ist. Als Grund wird die Verlagerung der alltäglichen Kommunikation ins Netz angenommen. Rund die Hälfte wurde innerhalb eines Monats mit Hassbotschaften im Internet konfrontiert. Ebenso viele berichten von Botschaften mit Verschwörungserzählungen bzw. extremen politischen Ansichten. 37 % haben beleidigende Kommentare und ein Drittel Fake News wahrgenommen. Nur ein Viertel war innerhalb des letzten Monats von keinem dieser Phänomene betroffen (Medienpädagogischer Forschungsverbund Südwest, Feierabend et al., 2020).

Ähnliche Ergebnisse ermittelten auch andere Studien: Das *Institut für Demokratie und Zivilgesellschaft* verweist in seiner repräsentativen »Hatespeech-Studie« auf einen Anteil von 40 % der Gesamtbevölkerung, die Hatespeech im Internet bereits wahrgenommen haben. Drei Viertel der Jugendlichen (18 bis 24 Jahre) haben online-Hatespeech sogar häufiger beobachtet. Das ist auch der Grund, warum die Befragten sich mehrheitlich künftig weniger in politischen Diskussionen im Netz einbringen wollen. Hatespeech, so das Fazit der Studie, schränkt die freie Meinungsäußerung im Netz ein und verschiebt gefühlte Mehrheiten. Rund drei Viertel sind der Ansicht, dass Hatespeech zugenommen habe. Dementsprechend wird mehrheitlich ein großer Handlungsbedarf angemahnt (Institut für Demokratie und Zivilgesellschaft, Geschke et al., 2019).

Die wachsende Verbreitung von Hatespeech, besonders unter Jugendlichen (14- bis 24-Jährige), belegen auch die regelmäßigen

Studien der *Landesanstalt für Medien NRW*. Hat im Jahr 2015 nur ein Drittel schon mal einen Hasskommentar gemeldet, so hat sich im Jahr 2020 der Anteil auf zwei Drittel verdoppelt. Gleichzeitig nimmt das Entsetzen über Hasskommentare ab. Etwa die Hälfte interessiert sich nicht dafür, ein Viertel hingegen findet sie unterhaltsam. Die Studie resümiert, dass Hatespeech ein gewichtiges und zunehmend relevantes Thema für Jugendliche ist. Eine frühzeitige Sensibilisierung und die Entwicklung einer klaren Haltung sowie effektive Gegenstrategien werden empfohlen (Landesanstalt für Medien NRW, Isenberg, 2020).

5.3 Verschwörungsmythen in rechtsextremen Medien

Schon seit der Erfindung des Internets in den 1990er-Jahren lässt sich beobachten, wie Rechtsextreme sich dieses zu nutzen machen. Mit dem Aufkommen der neuen Medien, insbesondere der sozialen Netzwerke, eröffnet sich auch für die Verbreitung von Verschwörungsmythen eine ganz neue Dimension, sodass diese eine gänzlich andere und sehr viel größere Reichweite erlangen. Plötzlich können sie nicht nur besser vernetzt ihre eigene Community erreichen, sondern auch andere, ganz unterschiedliche Teile der Gesellschaft. Lokale Agitationen rechtsextremer Einzelakteure können sich mittels eines inzwischen sehr ausdifferenzierten und gut vernetzten Medienökosystems auf verschiedensten Plattformen und Websites ihre Community aufbauen, sich organisieren und zu Demonstrationen und Gewalttaten mobilisieren – und ihre Reden und Taten live streamen. Aber nicht nur auf Plattformen wie Facebook, YouTube, Twitter oder Instagram, auch in privaten Chatgruppen bei Telegram, anonymen Plattformen und Imageboards wie 4chan und 8chan und eigenen Websites, den selbsternannten »Alternativmedien«, verbreiten Rechtsextremist:innen ihre Ideologien (Schwarz, 2020).

Inzwischen haben viele Organisationen eigene PR-Strategien entwickelt, finanzieren sich über Werbung, Klicks und Merchandise in Online-Shops oder publizieren in eigenen Verlagen und auf Blogs. Influencen ist auch mit rechtsextremen Verschwörungsideologien möglich. Der einzige Unterschied in der Nutzung der jeweiligen Plattformen (anonym/selbstverwaltet vs. öffentlich/etabliert) besteht in der dort verwendeten Rhetorik. Auf Facebook, YouTube, Twitter etc. ist diese meist weniger radikal, aus Angst dort durch Content-Management gelöscht bzw. gesperrt zu werden. Doch auch hier wissen technikaffine Rechtsextreme längst um diese Umstände, daher sind sie meist parallel auf mehreren Kanälen aktiv:

> »Das erklärte Ziel der meisten Rechtsradikalen ist, sich selbst sichtbar zu machen. Auf allen Kanälen schwören Akteure alter und neuer rechter Bewegungen ihre Anhänger auf die Zukunft und den Kampf gegen all jene ein, die sie verabscheuen« (Schwarz, 2020, S. 11).

Die Akteure operieren bei ihrer Kommunikation mit *Halbwahrheiten*. Das sind Äußerungen, »[...] die nur zu einem Teil auf tatsächlichen Ereignissen, zu einem anderen aber auf fiktiven Inhalten basieren; Äußerungen, die reale Sachverhalte übertreiben, umdeuten oder in falsche Zusammenhänge stellen; oder auch Äußerungen, die wesentliche Informationen weglassen« (Gess, 2021, S. 8). Insbesondere in sozialen Netzwerken verbreiten sie sich rasant, werden kommentiert, erweitert und interpretiert. Die Vermischung aus Wahrheit und Fiktion macht sie schwer widerlegbar, da sie dem Muster des »Ja, aber« folgen, wobei der Zustimmungsteil meist überwiegt. Auf diesen kommt es insofern an, als dass er maßgeblich die Glaubwürdigkeit einer Aussage bestimmt. Es kommt also bei diesen Mischprodukten auf die Anteile des Wahren und Falschen an. Weiterhin gehört es zum Kern von Halbwahrheiten, dass sie sich ihrer genauen Festlegung entziehen und sich somit auch nicht mit dem binären *wahr/falsch* dekodieren lassen. Im politischen Diskurs dienen Halbwahrheiten vor allem der tendenziösen Selbstdarstellung und um andere Personen von dieser Darstellung zu überzeugen oder sie in ihren bereits vorhandenen Ansichten zu bestätigen. Sie sind also ein »[...] wichtiges

Element in der Produktion von Glaubwürdigkeit [...], indem sie zum einen eine lebensweltliche Evidenz für deren Behauptungen zu liefern scheinen und zum anderen die Brücke zwischen einem Korrespondenz- und einem Kohärenzmodell von Wahrheit schlagen, das sich letztlich gänzlich von der Beweispflicht entkoppelt« (ebd., S. 32).

Vorteil dieser Kommunikationsstrategie ist das permanente Spiel mit den Grenzen des Sagbaren, wobei die Akteure dieses meist in mehreren Netzwerken und Kanälen gleichzeitig spielen, sollte eine der Plattformen die Nutzung verweigern. Dies wird jedoch nicht als Misserfolg angesehen. Im Gegenteil: Oft ist es so, dass die Community nach der Sperrung eines Accounts (was auf einer anderen Plattform als Erfolg propagiert wird, da der verbreitete Inhalt zu pikant für die »Systemmedien« sei) mehr Abonnent:innen hat als zuvor. So geschehen z. B. beim YouTube-Kanal (vor der Löschung mehr als 100.000 Abonnent:innen) des österreichischen Identitären Martin Sellner. Mit gefakten Accounts parodieren sie sich auch selbst und wähnen sich dabei im »Infokrieg« mit den »Mainstreammedien«. Dieser ist die treibende Kraft der Verschwörungsideolog:innen, die offensiv über ihre eigenen Influence-Taktiken und permanente Präsens immer mehr Anhänger:innen gewinnen und inzwischen auch durch die Nähe zu und die Finanzierung von Parteien längst in der sogenannten Mitte der Gesellschaft angekommen sind (Stegemann & Musyal, 2020). So werden rechtsextreme Verschwörungsideologien auch in den »Mainstreammedien« und in Parlamenten von Politiker:innen geäußert, von der AfD, der österreichischen FPÖ, Ungarns Staatschef Viktor Orbán oder Ex-US-Präsident Donald Trump (Schwarz, 2020).

Damit sind diese Akteure ebenso evolutions- und adaptionsfähig wie ihre Verschwörungserzählungen. Schon lange haben sie das Potenzial sozialer Medien erkannt und wissen es für ihre Marketingzwecke zu nutzen. Aus der digitalen Vernetzung folgt dann nicht selten die Gewalttat im Analogen. Hierunter fallen die Attentäter von Christchurch (Anschlag auf zwei Moscheen im März 2019), Kalifornien (Anschlag auf eine Synagoge im April 2019), El Paso (Anschlag in einem Supermarkt im August 2019), Halle (Anschlag auf eine Synagoge im Oktober 2019), Hanau (Anschlag auf Bürger:innen mit

Migrationshintergrund im Februar 2020) und nicht zuletzt der Mord am hessischen Regierungspräsidenten Walter Lübcke (Juni 2019). Diese Liste vermeintlicher Einzeltäter ließe sich traurigerweise fortführen, doch zeigt sie vor allem eines: Alle beziehen sich auf das Attentat des norwegischen Rechtsextremisten Anders Breivik, der 2011 in Oslo insgesamt 77 Menschen tötete. Zuvor veröffentlichte er sein Pamphlet, in dem er ausführlich seine Ideologie beschrieb. Auf ihn beziehen sich auch alle zuvor genannten Nachahmer und hatten meist ein ähnliches Vorgehen und die gleichen rechtsextremen, antisemitischen und islamfeindlichen Motive und Einstellungen. Hinzu kam die Medienkomponente, bei der sie ihre Tat auf ihren Kanälen der Plattformen live streamten, wodurch sie eine noch größere Reichweite erzielten und von ihren Anhänger:innen glorifiziert wurden. Diesen gelang es zudem, die Streams vor der Löschung herunterzuladen und auf anderen Kanälen wieder hochzuladen – was einmal in sozialen Netzwerken landet, ist quasi nicht mehr löschbar (ebd.).

Erschwerend kommt hinzu, dass sowohl das Bundesamt für Justiz als auch der Verfassungsschutz u. a. lange zögerten, diese Taten dem Rechtsextremismus zuzuordnen. Es handle sich lediglich um von Mobbingerfahrungen und Gaming-Aktivitäten geprägte Einzeltäter. Auch bei der Aufdeckung rechtsextremer Gruppen und Netzwerke innerhalb der eigenen Reihen und der Bundeswehr tut man sich schwer, umfassende Sensibilisierung, Aufklärung und Prävention gegen Rechtsextremismus zu forcieren (ebd.). Dabei hat sich gezeigt, dass es hieran mangelt bzw. dass die vorhandenen Präventionsprogramme längst nicht alle erreichen, die über die unbedachte Nutzung solcher Plattformen Gefahr laufen, selbst ein rechtsextremes Weltbild zu entwickeln. Natürlich greift nicht jeder verschwörungsgläubige Rechtsextremist sofort zur Waffe, aber die Gewaltbereitschaft wächst, je mehr die Ideologien propagiert und normalisiert werden. Es ist daher wichtig zu verstehen, wie solche Netzwerke funktionieren, denn: »[...] nur wenn die demokratische Gesellschaft versteht, wie Stimmungsmache, Rekrutierung und Radikalisierung in digitalen Räumen funktionieren, kann sie eine geeignete Antwort darauf finden« (ebd., S. 11).

Solange sich rechtsextreme Medienökosysteme weiterhin nahezu ungehindert vernetzen können und Sicherheitsbehörden offenbar kein gesteigertes Interesse an der Aufklärung solcher Taten zeigen, werden rechtsextreme Verschwörungsideolog:innen ihnen immer mehrere Schritte voraus sein und die Unterwanderung einer freiheitlich-demokratischen Gesellschaft durch dieses gefährliche Gedankengut fördern. Daher sind Politik, Justiz, Internetkonzerne, Medien und nicht zuletzt die Zivilgesellschaft selbst zur Erarbeitung von Gegenstrategien und -konzepten gefordert, um die Liste der Attentäter:innen und Opfer rechtsextremer Organisationen nicht zu erweitern.

Fallbeispiel: Die QAnon-Bewegung

Die QAnon-Bewegung gehört wohl zu den medial präsentesten Phänomenen aus dem Bereich der Verschwörungsmythen. Es handelt sich dabei nicht im eigentlichen Sinne um ein Narrativ oder einen übergreifenden Mythos, sondern eher um eine Bewegung oder einen Kult, die bzw. der sich um eine ganze Reihe von Verschwörungserzählungen und einen zentralen Verschwörungsmythos formiert hat. Wie fast alle Verschwörungsphänomene entstand auch die QAnon-Bewegung nicht im sozialen Vakuum, sondern als eine Reiteration vorhandener narrativer Muster. Obwohl sie eng im Zusammenhang mit der Wahl Donald Trumps zum US-Präsidenten steht, handelt es sich dabei inzwischen um eine globale Bewegung.

Ihren Ausgang nahm die QAnon-Bewegung vermutlich auf einem anonymen Image-Board. Reddit, 4Chan und 8Chan gehören zu einer Gruppe von Online-Foren, in denen Teilnehmer:innen anonym Inhalte posten können, weshalb sie sich insbesondere für die internationale rechtsextreme Szene als wichtige Kommunikationsmittel etablierten. Wann genau die QAnon-Bewegung dort ihren Ausgang nahm, ist nicht eindeutig nachvollziehbar. Wahrscheinlich gegen Ende 2017 hinterließ eine Person, die sich den Alias »Q« gab (Anon ist der gekürzte Ausdruck für »anonym«), ein Posting mit angeblichen Informationen aus dem sogenannten »Deep State«. Um zu verstehen, warum dieses Posting überhaupt Aufmerksamkeit erregte, muss zunächst der Kontext erläutert werden. Der »Deep State« (wörtlich »tiefer Staat«; sinngemäß etwa »Schattenstaat«) ist ein Motiv rechtsextremer Verschwörungsmythen und bedient die Angst vor einem übermächtigen, unkontrollierten und geheimen »Staat-im-Staate«, einer Substruktur der öffentlich einsehbaren staatlichen Institutionen, die ohne demokratische Kontrolle quasi-diktatorisch die Geschicke des Landes lenkt. Dieses Motiv wird in rechtsextremen Kreisen dann bemüht, wenn beispielsweise unliebsame Gerichtsentscheidungen – meist hinsichtlich neuralgischer ideologischer Punkte, wie etwa der gleichgeschlechtlichen Ehe – erklärt werden sollten. Das Motiv selbst knüpft dabei wiederum sowohl an den US-amerikanischen Entstehungsmythos (die Revolution der »einfachen Farmer« gegen die übermächtige englische Krone) als auch an die Paranoia des Kalten Krieges und der Furcht vor einer »kommunistischen Unterwanderung« der US-Administration an (Zuckerman, 2019).

Darüber hinaus gibt es eine Verbindung zu berühmten realen Verschwörungen der Vergangenheit, insbesondere im Zuge des Watergate- und Vietnam-Skandals, welche sich auch popkulturell tief in das kollektive Bewusstsein eingeschrieben haben. Informanten wie *Deep Throat*, der militärische Lagepapiere an die Washington Post weitergab, welche die katastrophale Situation des US-Militärs in Vietnam enthüllten, gehören fest zu diesem narrativen Bezugsrahmen (ebd.). An diese eher diffusen Kontexte knüpft die Geschichte vom angeblichen Informanten Q an, dessen Narrativ sich zunächst auf den amerikanischen Wahlkampf bezog. Bereits 2016 hatte Trumps Wahlkampfteam um den Rechtspopulisten Steve Bannon begonnen, sich auf besondere Art und Weise auf die Kontrahentin Hillary Clinton zu fokussieren (Heinrich Böll Stiftung, Nabers & Stengel, 2017).

Das Wahlkampfnarrativ der Trump-Kampagne (insbesondere Fox News) setzte darauf, den (angeblichen) Milliardär Trump als Außenseiter und »Underdog« gegenüber dem politischen Establishment darzustellen, dem auch die seit Jahrzehnten in der Politik vertretene

Clinton-Familie angehöre. Auf dieser Grunderzählung wurde ein Verschwörungsnarrativ aufgebaut, das Clinton in die Kontexte von gleich zwei Verschwörungsmythen einordnet. Nicht nur, dass Clinton dem ominösen »Deep State« zugerechnet wird; im Zuge der »Pizzagate«-Erzählung wird sie zudem als Teil eines (satanistischen) Pädophilen-Rings bezeichnet.

»Pizzagate« ist ein Narrativ, welches dem im historischen Teil erwähnten »Satanic-Panic«-Mythos zugerechnet werden kann. Der angeblich systematische und rituelle Missbrauch und/oder die Ermordung von Kindern durch Personen der politischen und medialen Öffentlichkeit als Mitglieder eines satanistischen Kultes inspirierte eine ebenfalls online erschienene Erzählung. Angeblich halte die Familie Clinton im Keller des kalifornischen Pizza-Restaurants *Comet Ping Pong* Kinder gefangen. Die Geschichte knüpft sich an diverse reale Ereignisse wie die Missbrauchsvorwürfe von Prominenten gegen Harvey Weinstein und Jeffrey Epstein und entfaltete derartige Wirkung, dass im Dezember 2017 ein schwer bewaffneter Mann die Räume des Restaurants betrat und um sich schoss, wobei er das Personal aufforderte, die angeblich im Keller gefangen gehaltenen Kinder freizulassen. Glücklicherweise gab es bei diesem Vorfall keine Verletzten. Der Angreifer ließ sich widerstandslos von der Polizei festnehmen, nachdem ihm verständlich gemacht wurde, dass dieses Restaurant überhaupt keinen Keller habe, in dem man Kinder verstecken könne (Tangherlini et al., 2020).

Um die Entstehung der QAnon-Bewegung zu erklären, ist es notwendig, die Mythen des »Deep State« und der »Satanic Panic« vor dem Hintergrund des amerikanischen Wahlkampfs zu betrachten. Mit dem ersten Posting von Q (im späteren Verlauf werden diese Postings als »Q Drops« bezeichnet) beginnt das Wahlkampfnarrativ rund um Donald Trump als einsamen Kämpfer für »das Gute« im »bösen Sumpf von Washington« eine erweiterte Form anzunehmen. Es folgten bis heute unzählige weitere Q-Drops. Die narrativen Fragmente in diesen Drops funktionieren immer nach dem gleichen Schema: Ein aktuelles politisches Ereignis mit variierender Menge an zusätzlichen fiktiven Elementen wird in das übergreifende Narrativ des Kampfs Trumps gegen den »Deep State« eingeordnet. Schon immer wiesen diese verschwörungsnarrativen Versatzstücke klare faschistoide und antisemitische Züge auf. Demokratie, Pressefreiheit, Emanzipation und Gleichberechtigung seien Werkzeuge, mit denen die »Kabale« (hier eine Vermischung angeblich jüdischer und satanistischer Elemente), das »wahre, weiße, christliche Amerika« zu zerstören und in eine kommunistische Diktatur zu verwandeln suchten. Damit ließen sich auch die Ermittlungen gegen Trump, gegen sein Wahlkampfteam und deren Verbindungen beispielsweise nach Russland von vornherein als Kampagnen des »Deep State« diskreditieren (ebd.).

QAnon bringt sowohl faschistische als auch religiös-extremistische Motive in einem übergeordneten Verschwörungsnarrativ zusammen, das seinerseits an mehrere verbreitete Verschwörungsmythen anknüpft. Es handelt sich dabei keinesfalls um ein Randphänomen. Die Q-Drops wurden mehrfach – insbesondere von rechten Medienhäusern wie Fox News – aufgegriffen und haben längst auch ein weniger internetaffines Publikum erreicht. Nach einer Umfrage in der republikanischen Partei glauben rund ein Drittel der Befragten an QAnon und ein weiteres Drittel hält das Narrativ zumindest in Teilen für glaubwürdig. Vor dem Hintergrund der vielen schwer bewaffneten rechten Milizen stuft das FBI die QAnon-Bewegung inzwischen als eine der gefährlichsten inländischen Terrorismus-Bedrohungen ein (Amarasingam & Argentino, 2020).

Während der Corona-Demonstrationen in verschiedenen deutschen Städten fanden sich immer wieder Bilder von Personen mit Schildern, Flaggen oder Kleidungsstücken, auf denen die Q-Symbolik zu sehen war, darunter auch der amerikanische Leitspruch »WWG1WGA« (=»Where we go one, we go all«) der QAnon-Bewegung. Auch Graffitis beziehen sich auf die Narrative von QAnon (Abb. 13).

Abb. 13: Slogan der QAnon-Bewegung als Graffiti in Berlin (eigene Aufnahme)

5.4 Verschwörungsmythen von »links«

> »Mal geht es um subversive Kräfte aus dem Aus- und Inland, mal um eine Verschwörung des Großkapitals. Oder diskutieren Sie mal hier im linksintellektuellen Tübingen auf Spielplätzen über die Notwendigkeit von Impfungen« (Butter in Gesterkamp, 2018).

Auch wenn der weitaus größte Anteil der Verschwörungserzählungen dem rechten Spektrum zugehörig ist, so gibt es auch auf der politischen Gegenseite Verschwörungsnarrative.

Exemplarisch sei die »lächerliche« Verschwörungserzählung vom »Amikäfer« genannt. Diese stammt aus Zeiten des »Kalten Krieges«. Es handelt sich um eine Kartoffelkäferplage, die die landwirtschaftlichen

Nutzflächen der ehemaligen DDR im Frühling 1950 zerstörte und enorme Einbußen in der Versorgung der Bevölkerung nach sich zog. Zuvor hatten die Bauern der Betriebe US-Amerikanische Flugzeuge am Himmel gesichtet und dies in einen Zusammenhang mit den Kartoffelkäfern gebracht. Ganz unberechtigt war diese Vermutung insofern nicht, als dass die amerikanische Air Force (und auch die britische) während der Berlin-Blockaden ihre Fähigkeiten demonstriert hatte. Warum sollten sie nicht auch gezielt Kartoffelkäfer abwerfen? Die DDR-Staatsführung erklärte, dass diese Flugzeuge die Schädlinge absichtlich über den Feldern abgeworfen hätten, um die DDR zu schädigen. Die *Kartoffelkäfer-Verschwörung* wurde als Propagandainstrument des Kalten Krieges genutzt, um von der eigenen Misswirtschaft abzulenken und um vor den Kriegsplänen der Imperialisten zu warnen (Wippermann, 2007).

Heute suchen sich Verschwörungsideolog:innen linke Proteste, um dort Aufmerksamkeit für ihre Narrative zu finden. So zum Beispiel in der Finanzkrise 2008, als linke Aktivist:innen der Occupy-Bewegung in den USA ein Dauercamp in der Nähe der Wall Street errichteten und eine stärkere Regulierung der Banken forderten. Ähnliches vollzog sich auch in Deutschland vor der HSH-Nordbank in Hamburg und vor der Europäischen Zentralbank in Frankfurt a. M. Zahlreiche (linke) Politiker:innen solidarisierten sich mit den Protestler:innen. Und genau diese Aufmerksamkeit machen sich auch immer wieder (rechtsextreme und antisemitische) Verschwörungsideolog:innen zu nutze. So wurden beispielsweise bei den Protesten in den USA Plakate mit den Slogans »Google: Zionisten kontrollieren Wall Street« und »Google: Jüdische Milliardäre« gesichtet. Auch auf den Protesten in Deutschland wurden Plakate mit verschwörungsideologischen Inhalten aus der sogenannten »Truther-Szene« (*Zeitgeist*-Gruppierung) gesichtet. Diese verbreiten Verschwörungserzählungen zu den Anschlägen vom 11. September 2001, nach denen es sich um ein von der US-Regierung geplanten Komplott (»9/11 Inside-Job«) handeln soll. Die Organisator:innen der Occupy-Proteste distanzierten sich davon. Das eigene Weltbild sollte immer im Hinblick auf die Anschlussfähigkeit an rechtsextremes, antisemitisches oder allgemein verschwörungsideologisches Gedankengut kritisch hinterfragt werden (Nocun & Lamberty, 2020).

Gefahr der Unterwanderung durch die Neue Rechte

In extrem rechten intellektuellen Kreisen wird seit den 1970er-Jahren versucht, »in den Gewässern der Gegner zu fischen« (Weiß, 2017, S. 33). Die Linke galt ihnen seit der 68er-Bewegung als Vorbild und die Neue Rechte entwickelte daraus die sogenannte Metapolitik: »Die kulturrevolutionäre Ausweitung des klassischen Politikbegriffs auf die Sphäre des ›Vorpolitischen‹ blieb also keineswegs ein Markenzeichen der Linken. In den Selbstdarstellungen der Neuen Rechten wird unter Metapolitik ein Verfahren verstanden, mit dem man einen Gegner aus einer Defensivposition heraus mit dessen eigenen Mitteln schlagen kann« (Weiß, 2017, S. 54). Ziel ist die Erringung einer ›kulturellen Hegemonie‹« (Salzborn, 2020, S. 64).

So hat Lars Mährholz, der Initiator von Friedens-Mahnwachen, einer eher linken Bewegung, enge Verbindungen zum rechtsextremen Spektrum. Zu Veranstaltungen lud er prominente Unterstützer ein, z. B. den ehemaligen *rbb*-Journalisten Ken Jebsen oder Jürgen Elsässer, den Gründer des rechtsextremen Magazins *Compact*, quasi das Zentralorgan in der Verbreitung von rechtsextremen Verschwörungserzählungen. Elsässer hat offenbar eine extreme politische Wende durchlaufen. Einst entging der ehemalige Gymnasiallehrer nur knapp dem sogenannten »Radikalenerlass«, einem Berufsverbot für »Verfassungsfeinde«, und bis Anfang der 2000er-Jahre war er noch als Autor bei linken Zeitschriften wie der *Jungen Welt* aktiv. Heute gilt er hingegen als »Chefideologe der Neuen Rechten« (Amann, 2018). Das im Dezember 2010 von ihm gegründete Monatsmagazin *Compact* bedient sich der sogenannte Querfront-Strategie. Es versucht, sich als Schnittstelle zwischen verschiedenen Gruppen zu inszenieren und Debatten anzustoßen und Fragen zu stellen. Die Aussagen tragen dabei eindeutig antisemitische Bezüge: Es heißt dort, Deutschland unterliege einer »Fremdherrschaft«, es seien »Strippenzieher« hinter den Kulissen am

Werk – die »Bilderberger«, die »Israel-Lobby« und das »Lügenfernse-hen«. Auch Antiamerikanismus und eine verkürzte personalisierende und moralisierende Kapitalismuskritik kommen vor, in der wiederum zahlreiche antisemitische Chiffren wie »Ostküste-Establishment«, »britisch-amerikanisches Kapital« und »Finanz-Vampirismus« verwendet werden. Dass in fast jeder Ausgabe die bloße Existenz des jüdischen Staates attackiert wird, lässt jegliche Zweifel am angeblichen Nicht-vorhandensein des Antisemitismus ausräumen (Starzmann, 2016).

Der Verschwörungsideologe und ehemaligen Fernseh- und Radio-moderator Ken Jebsen wurde wegen Nichteinhaltung journalistischer Standards beim Rundfunk Berlin-Brandenburg entlassen. Als Kündi-gungsgrund nannte der Sender unter anderem eine E-Mail, in der Jebsen einem Hörer geschrieben habe, er wisse, wer den Holocaust als PR erfunden habe (Huber, 2011). Seitdem ist er als Verschwörungs-ideologe mit seinem Kanal *KenFM* auf YouTube aktiv, der mehrere hunderttausend Follower hat, und erfolgreich. Die Gästeliste seiner Talk-Runden liest sich wie »ein Who is Who« der Verschwörungs-szene, darunter auch wieder *Compact*-Gründer Jürgen Elsässer, aber auch der Publizist Udo Ulfkotte und der selbernannte Friedensaktivist Dr. Daniele Ganser (Nocun & Lamberty, 2020).

Letztgenannter hat die Technik des vermeintlichen »Nur-Fragen-Stellens« perfektioniert. Als Schweizer und promovierter Historiker und Friedensforscher gründete er 2011 das *Swiss Institute for Peace and Energy Research* und bestreitet seinen Lebensunterhalt seitdem mit eigenen Publikations- und Referententätigkeiten. Seine Vorträge sind geprägt von Antiamerikanismus (und Antisemitismus), in denen er Verschwörungserzählungen zu den Terroranschlägen vom 11. Sep-tember 2001 verbreitet, die er mit seinen vermeintlichen wissen-schaftlichen Erkenntnissen zu hinterfragen versucht. Seine Vorträge sind professionell, sein Doktortitel und gesamter Habitus verleihen ihm Autorität und suggerieren Wissenschaftlichkeit, so der Ameri-kanist Michael Butter: »[...] Daniele Ganser [ist] die Lichtgestalt einer Community, in der die Verschwörungstheorien blühen. Sie trägt und schützt ihn – während er sich selber vornehm zurückhält« (Butter, 2019). Gleichzeitig bedient er sich der bei Rechtsextremen so beliebten Strategie der Opferdarstellung, indem er die Medien als »Lügenpresse« bezeichnet, die ihn absichtlich klein halten wolle. Außerdem behauptet er auch, die Anschläge auf das Satire-Magazin *Charlie Hebdo* im Januar 2015 hätten amerikanische Geheimdienste verübt und die USA würden hinter dem Putsch in der Ukraine (Euromaidan November 2013 bis Februar 2014) stecken. Seine Vorträge wurden sogar von Hochschulen, Buchläden und Kinos gebucht (Nocun & Lamberty, 2020).

Ökologie als Ideologie der Neuen Rechten

Eine weiteres traditionell eher mit Linken assoziiertes Thema ist die Ökologie. Auch hierbei werden jedoch Umwelt- und Naturschutz in das rechtsextreme Weltbild integriert. Dabei kommt es immer auf die Begründung der Ökologie an, und da unterscheiden sich rechte und linke Positionen: Die extreme Rechte operiert als Reaktion auf die Bedrohungen durch den Klimawandel und die Umweltzerstörungen mit Kampfbegriffen wie dem »Ökofaschismus« oder warnt vor der Errichtung einer »Ökodiktatur«. Beispielsweise werden auf Imageboards wie 8chan die Zugewanderten in den USA für die Umweltzerstörung verantwortlich gemacht, daher müssten diese vernichtet werden, um die amerikanische Bevölkerung zu bewahren. Nur eine »Reinheit der Rassen« könne die Erde retten. Dass die gesamte Bevölkerung Amerikas selbst aus Migrant:innen besteht, die vor Jahrhunderten das Land besiedelten und die angestammten Völker vertrieben, ist in dieser Argumentationslogik unerheblich, da es um die Feindbildkonstruktion geht, die von der tatsächlichen Faktenlage ablenken soll und nicht in das Narrativ passt bzw. es sogar zerstören würde (Evans, 2019).

Auch diese Verschwörungsideologie kommt im Stile der Querfront-Strategie getarnt als Altes in neuem Gewand daher, denn die Ursprünge finden sich in der »Blut-und-Boden-Ideologie« der Nazis wieder. Von der Neuen Rechten wurde sie sprachlich zwar diskursfähig gemacht, aber inhaltlich ist noch immer dasselbe gemeint, so auch der Historiker und Publizist Volker Weiß:

»Die traditionellen Lehren von der weißen Überlegenheit, die den europäischen Rassismus geprägt hatten, wurden durch das neue Konzept des ›Ethnopluralismus‹ ersetzt, der eine Gleichwertigkeit homogener Völker in ihren angestammten Räumen propagiert. Das klang zunächst etwas menschenfreundlicher als die üblichen Ungleichheitslehren, barg aber im Glauben an ethnische Homogenität und der Verbindung von Volk und Raum dieselben Anschlussmechanismen, nur in modernisiertem Gewand« (Weiß, 2017, S. 34).

Es überrascht daher wenig, dass die von rechtsextremen Autor:innen herausgegebene Zeitschrift *wir selbst – Zeitschrift für nationale Identität* Forderungen nach ökologischer Lebensgestaltung, humanem Sozialismus, einer dezentralen Wirtschaftsordnung, der kulturellen Erneuerung und Basisdemokratie publiziert. Doch auch hier trügt der vermeintlich linke Schein. Gegründet wurde das Medium 1979 vom damaligen NPD-Mitglied und Landesvorsitzenden der rheinlandpfälzischen Jungen Nationaldemokraten (JN) Siegfried Bublies, um mit links-grünen Inhalten Einfluss auf die Parteiengründung der Grünen zu nehmen. Daher die Themenauswahl Ökologie, Regionalismus und Kapitalismuskritik. Die Zeitschrift, die mittlerweile nur noch online verfügbar ist, will ein Debattenorgan für linke und rechte Lager gleichermaßen sein, jedoch zeichnet sich eine eindeutige Schieflage ins Rechtsextreme ab (Nocun & Lamberty, 2020).

Auch bei linken Themen wie Ökologie und Umweltschutz ist somit die Querfront-Strategie in Form ihrer rechtsextremen, antisemitischen und faschistischen Handschrift erkennbar: »Underneath the pictures of idyllic country scapes and environmentally-friendly rhetoric, ecofascists are pushing a murderous, racist ideology in the name of protecting the plane« (Manavis, 2018). Genau diese Tarnung von rechtextrem-verschwörungsideologischen Inhalten im Deckmantel idealistischer Ziele macht sie nicht nur anschlussfähig, sondern auch gefährlich – gerade im Hinblick auf die Vereinnahmung und Unterwanderung von Klimaprotesten, Friedensaktionen und Ökobewegungen (Nocun & Lamberty, 2020). Nicht zuletzt bezeichnete auch der Attentäter von Christchurch sich selbst als »Ökofaschist« (Bredow et al., 2019).

Resümierend ist festzuhalten, dass linke Verschwörungserzählungen für rechte Verschwörungsideologien anschlussfähig sind. Bindeglied ist dabei die antisemitische Konnotation, die sich in historischen Beispielen und in der aktuellen Popkultur zeigt. Zudem ist zu erkennen, dass die gern angeführte »Hufeisenlogik«, der Versuch einer klaren Abgrenzung von rechts, links und der sogenannten Mitte der Gesellschaft, bei der Analyse von Verschwörungserzählungen nicht zielführend ist. Sinnvoller scheint die Einordnung in demokratisch und antidemokratisch, menschenfreundlich oder menschenfeindlich, hierarchisch oder egalitär, differenzierte oder pauschalisierte Kritik zu sein. Für die *Prävention* lässt sich daraus ableiten, dass diese Zusammenhänge erkannt und aufgedeckt werden müssen, um berechtigte Kritik von falschen Pauschalisierungen unterscheiden zu können. Wie dies funktionieren kann, wird in den folgenden Kapiteln dargestellt.

5.5 Zwischen realen Verschwörungen und legitimer Gesellschaftskritik – Abgrenzungsversuch

Verschwörungsmythen entstehen weder im Vakuum noch sind sie in ihren narrativen Ausprägungen immer vollkommen surreal. Dies knüpft an den ersten Baustein (▸ Kap. 1.2), das als merkwürdig empfundene Ereignis, an. Wesentlich bei dieser Komponente ist das Adjektivattribut »merkwürdig«, denn es beschreibt das Empfinden zu einem tatsächlichen Ereignis, das real stattgefunden hat oder noch immer stattfindet. Erst aus dieser Empfindung heraus ergibt sich also der Nährboden für die Suche nach verschiedenen Erklärungs- und Deutungsmustern. Somit enthält jede Verschwörungserzählung zu gewissen Anteilen immer auch einen wahren Kern. Weiterhin ist festzustellen, dass es auch echte, wahre Verschwörungen gab und gibt. In welchem Verhältnis diese jedoch zu Verschwörungsmythen stehen bzw. wie sie sich unterscheiden, soll im Folgenden kurz erläutert werden.

Verschwörungserzählung vs. wahre Verschwörung

Der wesentliche Unterschied zwischen einer Verschwörungserzählung und einer realen Verschwörung besteht darin, dass sich letztgenannte im Nachhinein tatsächlich als wahr herausgestellt haben. Eine Verschwörungserzählung konnte und kann hingegen nicht mit Fakten belegt werden. Dies ist – Michael Butter zufolge – an folgenden Merkmalen erkennbar: die zeitliche Dimension, die Größe der Bezugsgruppe, das Verhältnis zwischen den vertretenen Interessen und ein radikal infrage gestelltes Geschichts- und Menschenbild (Butter, 2018). Nachfolgende Tabelle stellt die Merkmale von realen Verschwörungen und von Verschwörungstheorien gegenüber (Tab. 12).

Tab. 12: Abgrenzung Verschwörung und Verschwörungstheorie (Butter, 2018)

Merkmal	Reale Verschwörung	Verschwörungstheorie
Zeitliche Dimension	Kurzfristig durchgeführtes Vorhaben (z. B. Attentat, Staatsstreich) → Einzeltat	Größere Dimension konspirativen Wirkens, ambitionierte, vagere Ziele (z. B. Weltherrschaft) → mehrere Verbrechen
Größe der Bezugsgruppe	Kleine Gruppe	Große Gruppe (Juden, Kommunisten, Illuminaten, Aliens u. a.)
Verhältnis der Interessen	Mehrere Verschwörungen, die mitunter in Konkurrenz zueinander stehen	Verschwörung ganz im Dienste eines gewaltigen Einzelinteresses
Geschichts- und Menschenbild	Radikal infrage gestellt Verlauf der Geschichte nicht planbar	Fehlerhaftes Verständnis sozialer Prozesse → Verlauf der Geschichte plan- und lenkbar

Ein Beispiel für die Abgrenzung wahrer Verschwörungen von Verschwörungserzählungen wären die Narrative um die Anschläge vom 11. September 2001. Es handelt sich dabei zwar um ein singuläres Ereignis, dessen Zeuge die Weltbevölkerung geworden ist, jedoch ist es mehr als unwahrscheinlich, dass Tausende von Mitwissenden, die an der Verschwörung beteiligt sein sollen, über einen so langen Zeitraum ihre Beteiligung verheimlichen könnten, zumal die Spuren des amerikanischen Geheimdienstes schnell zur Terrorgruppe *al-Qaida* führten und nachweislich die Täterschaft bestätigten. Nicht zuletzt hat sich die Gruppe selbst zu dem Attentat bekannt. Auch die Anschuldigung, dass alle »Mainstream-Medien« in die Verschwörung verstrickt seien, ist schon rein zahlenmäßig völlig absurd und unwahrscheinlich.

Verschwörung vs. legitime Kritik: Die Begründung entscheidet

Für viele Linke ist Kritik am kapitalistischen System oder an US-amerikanischer Politik Teil ihres Selbstverständnisses. Sobald aus verkürzter Kapitalismuskritik ein einfaches Welterklärungsmuster wird, bei dem »die Kapitalisten« oder »die Eliten« zum Feindbild pauschalisiert werden, handelt es sich jedoch nicht mehr um berechtigte Kritik, sondern eher um einen Verschwörungsmythos. Es geht dabei nicht um das notwendige Hinterfragen der Strukturen, die dazu geführt haben, wie Ressourcen und Kapital verteilt werden. Stattdessen werden meist auf einzelne, (finanziell) mächtige Personen Feindbilder projiziert, denen die alleinige Schuld zugeschrieben wird. Dieses duale Weltbild kontrastiert die »Mächtigen« mit den »einfachen Arbeiter:innen«. Ähnlich verhält es sich mit oberflächlichem Antiamerikanismus, bei dem nicht die Komplexität US-amerikanischer Politik hinterfragt wird, sondern »die Amerikaner« als homogene Masse zum Sinnbild allen Bösen stilisiert werden. Bei solchen Vorstellungen sind dann Verschwörungserzählungen anschlussfähig (Nocun & Lamberty, 2020). Verkürzte Weltbilder sind für den Politikwissenschaftler Jan-Werner Müller ein Einfallstor für Rechtspopulisten. Demnach sei die Elite (z. B. jüdische Banker) »[...] korrupt, und nur an den eigenen Pfründen interessiert. Ihr stellen sie ein vermeintlich reines, homogenes, sozusagen unverdorbenes Volk entgegen« (J.-W. Müller & Müller, 2018). Folgende Fragen können bei der Einordnung von Verschwörungserzählungen helfen (Abb. 14):

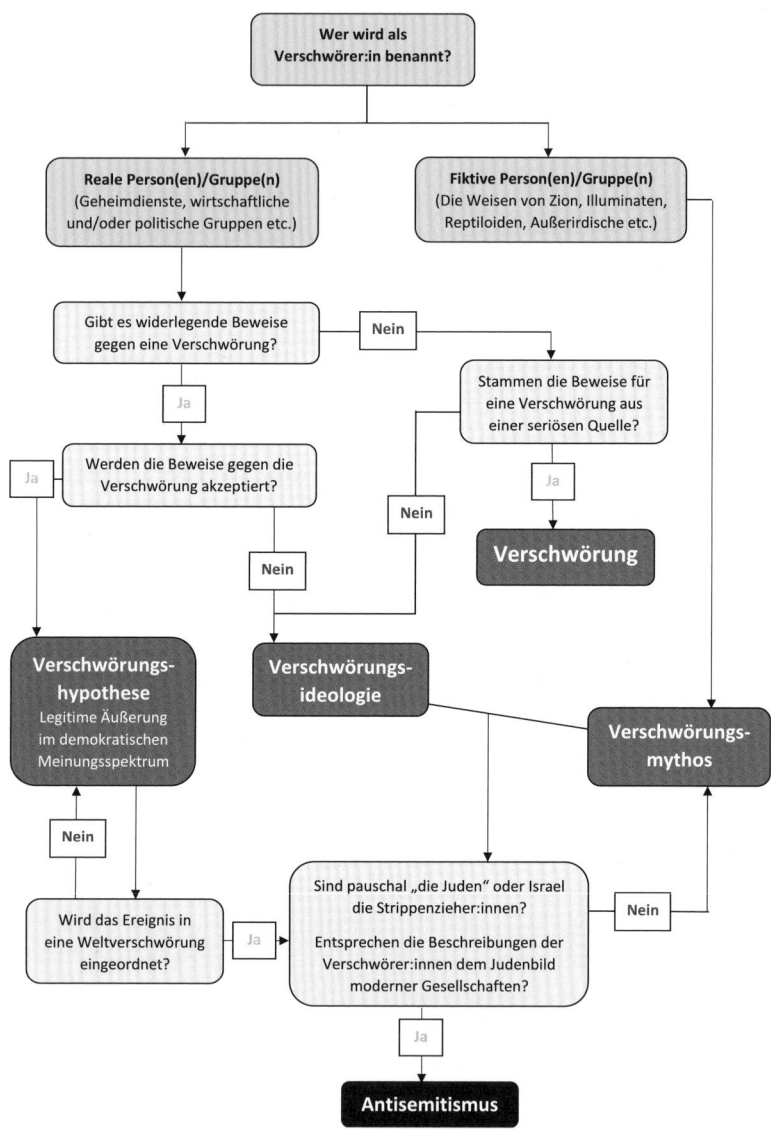

Abb. 14: Einordnung von Verschwörungserzählungen (Amadeu Antonio Stiftung, 2015)

»An Allem ist zu zweifeln« (Karl Marx)

Eines der höchsten Bildungsziele einer Demokratie sind mündige Staatsbürger:innen, die zum kritischen Denken und selbstbestimmten Urteilen fähig sind – schließlich ist die Existenz einer Demokratie auf solche Bürger:innen angewiesen. Kritisches Denken wiederum ist vernünftiges, reflektierendes und vernetztes Denken, das sich an methodischen Kriterien der Wissenschaft orientiert. Das schließt die Analyse, Interpretation, Bewertung von Dingen und die selbstständige Urteilsbildung ein. Wichtig ist auch die Fähigkeit, selbstständig und ohne kognitive Verzerrung zu analysieren, d. h. ohne jene Informationen zu bevorzugen, die der eigenen Meinung entsprechen und ohne die Gegenposition abzuwerten (Facione, 1990; Pfister, 2020). Insbesondere letzteres ist in jüngster Zeit durch eine gewisse »Verrohung der politischen Kultur«, durch Tendenzen von Polarisierung und »Lagerdenken« offenbar ein Stück weit verloren gegangen. Kritisches Denken verlangt vor allem schnelle (Vor)Urteile zu vermeiden, nach Informationsquellen zu fragen und nach alternativen Hypothesen und Erklärungen zu suchen.

Wissenschaftliches, d. h. rationales, logisches und reproduzierbares Vorgehen ist keine »Wissenschaftsgläubigkeit« im Sinne der »Wahrheitsverkündung« oder »absoluter Wahrheit«. Ihr Vorgehen beruht auf permanenten Zweifel und Skepsis. Kritisches Denken, begründetes Hinterfragen und Zweifeln sind unbedingt zu fordern und zu fördern. Nur wenn der Glaube an Dinge überhandnimmt, d. h. Annahmen ohne Wissen und Begründung als wahr übernommen und nicht mehr hinterfragt werden, ist die Gefahr von Verschwörungsgläubigkeit gegeben.

Sensibilisierung und Aufklärung bezüglich Verschwörungsmythen schließt die *Förderung von selbstständigem, kritischem Denken* und die Entwicklung von Mündigkeit ein. Begründetes Zweifeln ist durchaus produktiv. Pauschalisierungen, Fixierung auf die eigenen »Meinungsblase« oder die bloße Abwertung von Gegenpositionen sind hingegen kontraproduktiv. Auch bei der Kapitalismuskritik, so notwendig und legitim sie ist, sind Pauschalisierungen im Sinne des »bösen Amerikas« zu vermeiden, um dem Glauben an Verschwörungserzählungen keinen Vorschub zu leisten.

> **Wiederholungsfragen:**
>
> ◆ Welche Rolle spielen Verschwörungsmythen im Rechtsextremismus?
> ◆ Was unterscheidet »rechte« von »linken« Verschwörungsmythen?
> ◆ Wie lassen sich Verschwörungserzählungen von legitimer Gesellschaftskritik abgrenzen?

Teil II

Praxis: Verschwörungsmythen in Schule und Gesellschaft begegnen

Wenn – wie im ersten Teil beschrieben – Verschwörungsmythen und Verschwörungsglaube das demokratische Zusammenleben einer Gesellschaft gefährden, stellt sich die Frage, inwieweit diese Gesellschaft bereit ist, etwas dagegen zu unternehmen. Diese Frage stellt sich für alle Bereiche, insbesondere für den Bereich Bildung und Erziehung. Deshalb werden im Teil II Möglichkeiten der *Prävention* und *Intervention* im Rahmen der schulischen und außerschulischen Bildungsarbeit sowie im privaten Bereich vorgestellt. Darüber hinaus wird abschließend auf aktuelle Debatten in den Bereichen Politik, Justiz, Internet, Medien und Zivilgesellschaft eingegangen.

Wer die Generation von morgen ausbilden will, sollte in einer zunehmend digitalen Welt auch Medien- und Demokratiekompetenz als Teil seines professionellen Selbstverständnisses ansehen. Schule spiegelt die Gesellschaft im Kleinen wider. Verschwörungsglaube ist folglich auch ein Schulproblem. Nun werden an Schule immer mehr Forderungen nach Inklusion, Integration, Prävention aller Art etc. gerichtet – bei gleichzeitigem Mangel an pädagogischem Personal, hohem bürokratischen Aufwand, mangelhafter digitaler Ausstattung und überfrachteten Lehrplänen. Hinzu kommt die Erwartung, auch in Krisensituationen zu funktionieren. Gleiches gilt für Lernende. Je öfter aber von Seiten der Politik und der Gesellschaft auf das Bildungssystem verwiesen wird, beispielsweise auch mit der Aufforderung, mehr Demokratie zu lehren, ist es durchaus angebracht, zurück auf Politik und die Gesellschaft zu verweisen und sie aufzufordern, selbst mehr Demokratie vorzuleben.

Den seit langem geführten Debatten um Bildungsreformen und Forderungen nach mehr Medienkompetenz oder Demokratiebildung sind bisher kaum konkrete Umsetzungen gefolgt. Auch viele gut gemeinte Präventionskonzepte verpuffen. Stattdessen wird die Verantwortung an einige wenige (Neben)Fächer abgeschoben oder diese Themen werden im Rahmen von Projektwochen behandelt, nicht selten durch externe Expert:innen. Dies ist sicher ein sinnvoller Ansatz. Dennoch sollten diese Themen nicht einfach »outgesourced«, sondern – ebenso wie das Thema Klima – in jedes Schulfach integriert werden. Dass dies möglich ist, möchte das hier entwickelte Konzept verdeutlichen. Daher wählen wir für diesen Ansatz eine pragmatische, am realen Schulalltag orientierte Vorgehensweise, mit der wir einen Lösungsansatz für diese strukturellen Probleme aufzuzeigen versuchen.

6

FakeLess – Eine Handreichung gegen Verschwörungsideologien

Es ist davon auszugehen, dass Lehrkräfte und Schüler:innen bereits auf verschiedensten Wegen mit Verschwörungsideologien konfrontiert wurden. Es ist aber auch anzunehmen, dass sich nur wenige ernsthaft mit dem Thema auseinandersetzen und es im Unterricht behandeln wollen und könnten. Nur wenige Lehrkräfte dürften über ausreichend Fachwissen zum Thema Verschwörungsmythen verfügen. Um diesem Umstand entgegenzuwirken, wollen wir mittels *FakeLess* (▸ Abb. 15) dazu inspirieren und motivieren, nach Bezügen des Themas Verschwörungserzählungen zum eigenen Unterrichtsfach zu suchen, um sich ihm über den Fachbezug zu nähern.

Abb. 15: Logo *FakeLess*

Da das Thema komplex und sensibel ist, sind kontroverse Diskussionen mit Lernenden und Kolleg:innen möglicherweise vorprogrammiert – Konflikte, für die es die notwendige Expertise und Energie braucht. Derzeit fehlt noch die Anerkennung des Themas als ernstzunehmende Gefahr für demokratische Systeme. Häufig wird auf die Lächerlichkeit und Absurdität von Verschwörungserzählungen verwiesen, doch genau diese Verharmlosung birgt die Gefahr einer ungehinderten Verbreitung von Verschwörungsideologien und Radikalisierungstendenzen.

Es ist nicht unwahrscheinlich, dass es auch unter Lehrkräften Verschwörungsgläubige gibt. Dann besteht logischerweise kein Interesse daran, das eigene, von der Verschwörungserzählung geprägte Weltbild kritisch zu hinterfragen. Stattdessen bestünde die Gefahr, dass verschwörungsgläubige Lehrkräfte ihre Verschwörungsideologie unter Schüler:innen weiterverbreiten. Ebenso besteht – natürlich unbeabsichtigt – das Risiko, bei Lernenden Verschwörungsgläubigkeit zu initiieren oder sie – sofern sie bereits daran glauben – darin zu bestärken.

Doch es bedarf sowohl der direkten *Intervention* in konkreten Situationen einerseits als auch der Integration des Themas in die eigene Unterrichtsplanung im Rahmen der *Prävention* andererseits. Ignorieren und Schweigen wäre in diesem Fall mit Zustimmung gleichzusetzen und dementsprechend gefährlich. Daher ist dieses Konzept als ein Angebot für interessierte Schulen und Lehrkräfte zu betrachten, die ihren Auftrag im Sinne der Demokratiebildung allgemein sowie dem Umgang mit Verschwörungsideologien im Besonderen ernstnehmen.

6.1   Ziele und Begründung

Ziel von *FakeLess* ist es, Lehrkräften kompaktes Handwerkszeug im Umgang mit Verschwörungsideologien an die Hand zu geben. Da es bisher keine eigenständigen Fächer für Demokratiebildung und Medienkompetenz gibt, muss das Potenzial der vorhandenen Fächer genutzt werden.

Der Schulalltag ist bekanntlich stressig, die zeitlichen und personellen Ressourcen sind knapp. Das ganze Schuljahr, jede einzelne Schulstunde sind eng getaktet und durchgeplant. Es bleibt meist nur wenig Spielraum für größer angelegte (fächerübergreifende) Projekte. Ein Umstand, den Lehrkräfte bedauern, da er weder ihren Ansprüchen noch denen der Schüler:innen gerecht wird. Ganz gleich, um welches Thema es geht, Lehrkräfte und Schüler:innen wünschen sich mehr Zeit und Flexibilität in der Unterrichtsvorbereitung und Durchführung. Oder anders formuliert: Oft liegt es nicht am »Nichtwollen«, sondern am »Nichtkönnen«, so der allgemeine Konsens unter engagierten Lehrkräften.

Um dennoch den Forderungen nach mehr Demokratiebildung und Medienkompetenz gerecht zu werden, eignet sich die thematische Eingrenzung auf das Thema Verschwörungsideologien in besonderer Weise: Wie bereits in Kapitel 1, 2 und 5 aufgezeigt, handelt es sich unter inhaltlichen Gesichtspunkten um mehrdimensionale Narrative, die mit Emotionen spielen, Stimmungen erzeugen und sogar eigene Welten bzw. Weltbilder jeglicher Couleur schaffen. Mit anderen Worten: Es ist für jede und jeden etwas dabei, der sich die Welt auf alternativen, unwissenschaftlichen Wegen zu erklären versucht. Aufgrund des breiten inhaltlichen Spektrums einzelner Verschwörungserzählungen – sei es Impfskeptik, Klimawandelleugnung oder Chemtrails –, aber ihrer immer gleichen Funktions- und Wirkungsweise und das daraus resultierende Gefahrenpotenzial für eine demokratische Gesellschaft, lassen sich im Rahmen *anlassbezogener Prävention im Fachunterricht* vielfältige Bezüge herstellen. Dadurch ist das Thema in jedes Unterrichtsfach integrierbar.

Hierzu gibt es zwei Möglichkeiten:

1. Die Lehrkraft reagiert spontan auf die Situation, wenn sie mitbe-
   kommt, dass im Rahmen ihres Unterrichts von Schüler:innen verschwörungsideologische Inhalte geäußert werden, die in keinem
   Fall unwidersprochen stehengelassen werden dürfen. Dann sollte
   die Sequenzplanung modifiziert und das Thema Verschwörungsmythen integriert werden, um zu *intervenieren*.
2. Die Lehrkraft berücksichtigt das Thema Verschwörungsmythen
   schon von vornherein bei der Sequenzplanung und führt einzelne
   oder mehrere Unterrichtsstunden als *Präventionsmaßnahme* gegen
   Verschwörungsglauben durch.

Dabei kommt es sowohl bei der Intervention als auch im Rahmen der
Prävention nicht primär darauf an, direkten Bezug auf die vom
Schüler bzw. von der Schülerin geäußerten Verschwörungserzählung
zu nehmen, die unter Umständen nur geringfügig Anknüpfungspunkte an das Unterrichtsfach bietet. Es ist nur insofern darauf einzugehen, als dass diese Äußerung als Verschwörungserzählung erkannt
und anhand dieser oder eines anderen Beispiels das Grundlagenwis-
sen zu dem Thema zu vermittelt werden sollte. Letztlich geht es
darum, Lehrkräften Basiskompetenzen an die Hand zu geben und die
Furcht und Verunsicherung vor diesem Thema zu nehmen. Außerdem
versucht es, dem »Druck« nach mehr Kompetenzforderung und
-förderung gerecht zu werden, indem der niedrigschwellige, hand-
lungsorientierte Ansatz zur Auseinandersetzung motivieren und
nicht zusätzlich belasten soll. Damit werden wir sicher auch nicht
alle Lehrkräfte und Lernenden erreichen, aber wenn schon ein Teil
zugänglich ist, würde ein auf Fakten und Argumente gestützter
demokratischer Diskurs gefördert werden. Somit verfolgt *FakeLess*
perspektivisch drei Hauptziele: aus der (Wieder)Herstellung der
Diskursfähigkeit in Kombination mit einer ausgeprägten Medienmündigkeit wird Demokratiekompetenz gefördert.

Inzwischen gibt es zahlreiche, für den Unterricht und darüber
hinaus geeignete didaktische Konzepte. Zu verweisen ist hier unter

anderem auf Projekte der Amadeu Antonio Stiftung, die sich auch schon vor der Corona-Pandemie mit dem Thema Verschwörungsmythen, insbesondere im Zusammenhang mit Rechtsextremismus und Antisemitismus, befasste (Amadeu Antonio Stiftung, 2015). Auch die Bundeszentrale für politische Bildung bietet neben ausführlichen Dossiers verschiedenste Unterrichtsmaterialien. Gleiches gilt für Institutionen des öffentlich-rechtlichen Rundfunks (ARD, ZDF, NDR, WDR, BR u. a.) sowie zahlreiche gemeinnützige Organisationen (netzpolitik.org, klicksafe.de, correctiv.org u. a.) (siehe weiterführende Links im Anhang).

Speziell für die Lehrkräftebildung mangelt es bisher jedoch an solchen Konzepten. Dennoch besteht die Erwartung, das vorhandene Material entweder zu nutzen oder selbst aktiv zu werden. Um letztgenanntes zu ermöglichen und Lehrkräften Basiskompetenzen im Umgang mit Verschwörungsideologien zu vermitteln, die sie auch in ihrem Fachunterricht einsetzen können, haben wir das Konzept *FakeLess* entwickelt. Es richtet sich insbesondere an interessierte Schulen und deren Lehrkräfte, aber auch an Hochschulen und deren Lehramtsstudierende. Als gesellschaftskonstituierende Elemente kommt diesen Institutionen eine besondere Bedeutung mit hohem Bedarf eines solchen Konzeptes zu.

6.2   Konzeptaufbau

Im Sinne des lebenslangen Lernens und der sich stetig verändernden Umwelt kann die Lehramtsausbildung nicht alle Inhalte und Kompetenzen vermitteln. Umso wichtiger ist daher die Durchführung von Lehrkräftefortbildungen. Ziel einer Lehrkräftefortbildung ist es, »[...] Kompetenzen, die für die Erfüllung wichtiger Alltagserfahrungen in Schulen wichtig sind und nicht durch die vorgängige Lehrergrundausbildung oder die Arbeit vor Ort erworben werden konnten, in verschiedenen Formen [...] zu vermitteln« (Altrichter, 2010, S. 21).

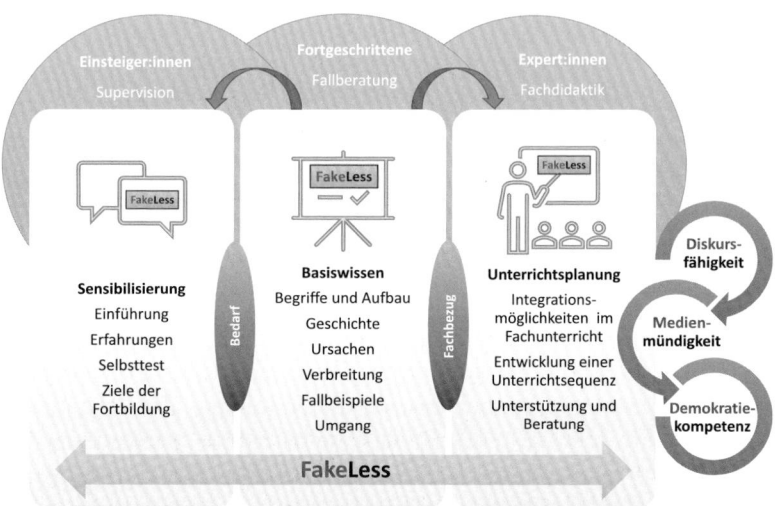

Abb. 16: *FakeLess*-Konzeptaufbau (eigene Darstellung)

Dadurch soll Schulen, Lehrkräften und pädagogisch Tätigen der Aufbau und die Etablierung intentionsgemäßer Handlungen erleichtert werden. Neben der Kompetenzentwicklung sind Fortbildungen aber auch wichtige Austauschformate mit anderen Institutionen und Akteuren innerhalb des Systems Schule, in denen »[...] Ideen probehandelnd ausprobiert und gelernt werden können« (ebd.). Nicht immer verfügen Schulen jedoch über Ressourcen, um Externe damit zu beauftragen und somit den vielfältigen Anforderungen gerecht zu werden. Daher sind im Fortbildungswesen Expert:innen tätig, die diese Aufgabe durch die Erarbeitung konkreter Fortbildungskonzepte übernehmen. Unser Konzept *FakeLess* ist daher als »Hilfe zur Selbsthilfe« gestaltet, das an dieser Problematik ansetzen möchte und ein Angebot für interessierte Schulen und Lehrkräfte darstellt. Letztgenannte erhalten das notwendige Basiswissen, um es im Rahmen der Fortbildungsdurchführung an Kolleg:innen und darüber hinaus an Schüler:innen weiterzugeben und somit Basiskompetenzen im Umgang mit Verschwörungsideologien anzubahnen.

Da sich unser Konzept *FakeLess* (▶ Abb. 16) stark an der Profession von Lehrkräften als Unterrichtsplaner:innen orientiert, bietet sich die Kombination mit dem klassischen didaktischen Dreieck des renommierten Bildungswissenschaftlers Wolfgang Klafki an. Dabei werden die drei Komponenten *Gegenstand*, *Lehrkräfte* und *Lernende* unter Berücksichtigung der spezifischen *Rahmenbedingungen* (Schulform, Lehrplan, Curricula, Lerngruppenvoraussetzungen, Ausstattung, Ressourcen, Kooperationen etc.) zusammengedacht (Klafki, 2007).

Zusätzlich besteht der Anspruch aber auch konkret darin, mittels dieses Konzeptes kompetent und zielsicher durch »stürmische Informationsfluten von Verschwörungsmythen« zu navigieren, klar geradeausdenken zu können und den Kurs zu halten (▶ Abb. 17). Hierbei geht es nicht zuletzt auch um *Supervision*, eine Sonderform der Beratung für den beruflichen Bereich, in diesem Fall die Lehrkräfteaus- und -weiterbildung. Im Vordergrund steht dabei die (Selbst) Reflexion der beruflichen Tätigkeit, wodurch die Ratsuchenden neben neuen Perspektiven auch ihr individuelles Handlungswissen ausbauen und weiterentwickeln: »Supervision verfolgt als Ziel die Förderung der beruflichen Handlungssicherheit, die Stärkung des professionellen Selbstverständnisses und die Erweiterung der Selbstbestimmung im Berufsalltag« (Schlee, 2019, S. 20). Es erscheint aufgrund der thematischen und strukturellen Komplexität somit sinnvoll, auch in der *Präventionsarbeit* einen interdisziplinären und multiperspektivischen Ansatz zu verfolgen.

An der Spitze des didaktischen Dreiecks stehen in diesem Modell die Lehrkräfte, die zunächst für den Gegenstand Verschwörungsmythen sensibilisiert werden müssen, bevor sie auch bei Lernenden einen Zugang finden können. Dem entsprechend erhalten Lehrkräfte im Rahmen der Fortbildung nach dem Konzept von *FakeLess* sowohl Basiswissen zum Gegenstand Verschwörungsmythen als auch die notwendigen Kompetenzen im Umgang damit. Abschließend erfolgt die beratende Unterstützung bei der Transformation des Wissens in ein unterrichtbares didaktisches Konzept für den individuellen Fachunterricht, sodass die Schüler:innen den Gegenstand ebenfalls erlernen können. Dies verläuft im Sinne der kritisch-konstruktiven

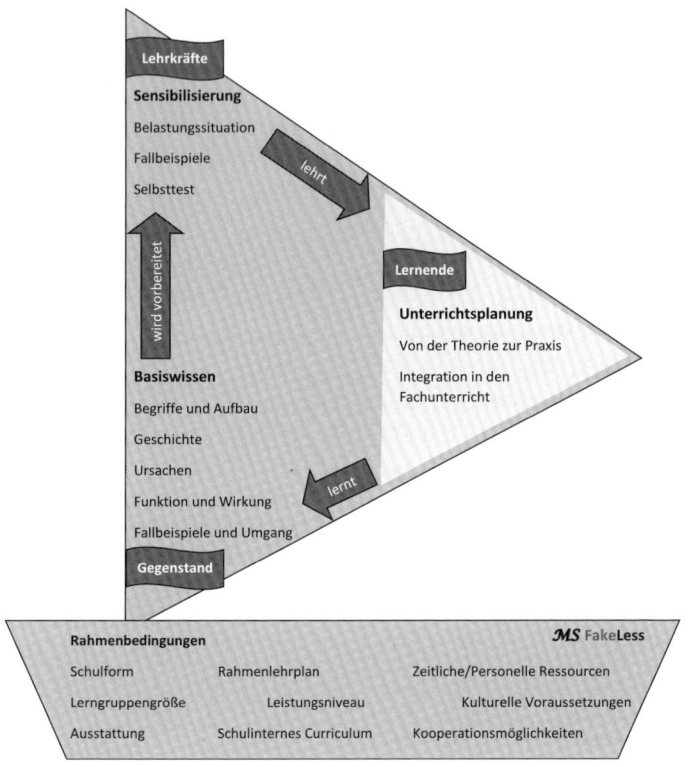

Abb. 17: MS *FakeLess* (eigene Darstellung, angelehnt an Klafki in Jank & Meyer, 2002)

Didaktik nach Klafki auf Basis einer differenzierten Bedingungsanalyse, aus der sich die konkreten Ansatz- und Umsetzungsmöglichkeiten ergeben.

Begleitet wird die Fortbildung durch eine PowerPoint-Präsentation und einer umfassenden Handreichung inklusive Kopiervorlagen für den Einsatz im Unterricht: Diese Begleitmaterialien sind auf der Webseite des Verlags als Download verfügbar (https://dl.kohlham mer.de/978-3-17-041246-0). Im Folgenden erläutert ein kompaktes Fortbildungsmanual den genauen Ablauf und gibt wichtige Hinweise zur Durchführung.

Sensibilisierung und Basiswissen: Von der Theorie...

Der Beruf Lehrkraft ist unabhängig von der Schulform systemrelevant und mit hohen psychischen und physischen Belastungen verbunden. Daher ist es zu Beginn der Fortbildung – nach der Vorstellung des Fortbildungsablaufs – notwendig, Lehrkräfte nach ihrer Belastungssituation zu fragen, um gleich zu Beginn an die individuellen Bedürfnisse anzuknüpfen und diese ernst zu nehmen. Gleiches gilt auch für Lernende, deren Partizipationsmöglichkeiten im Rahmen von Schule im Allgemeinen, aber auch im Hinblick auf die konkrete Unterrichtsplanung und -gestaltung im Besonderen begrenzt sind.

Um diese Umstände zu reflektieren und später konstruktiv bei der Unterrichtsplanung zu berücksichtigen, nehmen die Fortbildungsteilnehmer:innen in der Einführung zu folgenden Fragen Stellung (Abb. 18):

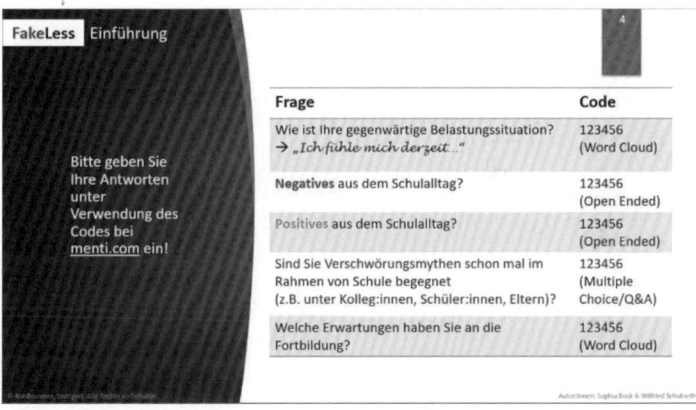

Abb. 18: Sensibilisierungsfragen

Methodisch kann hier gut mit einem digitalen Umfrage-Tool (z. B. Mentimeter) gearbeitet werden, das die Ergebnisse auswertet und visualisiert (z. B. Word Cloud, Multiple Choice, Open Ended, Q&A etc.)

(Abb. 19). Bei Bedarf können sich die Fortbildungsteilnehmer:innen auch persönlich zu ihren Stellungnahmen äußern.

Abb. 19: Antizipierte Umfrageergebnisse

Situationen aus dem Schulalltag

Im Anschluss werden verschiedene fiktive Beispiele aus dem Schulalltag vorgestellt. Diese können ebenfalls von eigenen Erfahrungsberichten der Fortbildungsteilnehmer:innen ergänzt werden. Eventuell berichten diese auch von einem Wiedererkennungswert in den Fallbeispielen. Sofern dies der Fall ist, sollte nachgefragt werden, wie die Lehrkräfte in dieser Situation reagiert und/oder gehandelt haben. Diese Nachfrage sollte jedoch vorerst unkommentiert bzw. unbewertet bleiben und erst im weiteren Verlauf der Fortbildung bei der Frage zum Umgang mit Verschwörungsideologien in Schule und Unterricht wieder aufgegriffen werden. In diesem Sinne kann bei Bedarf auch die kollegiale Fallberatung erfolgen.

Folgende Fallbeispiele (Abb. 20–22) werden zu Illustrationszwecken vorgestellt:

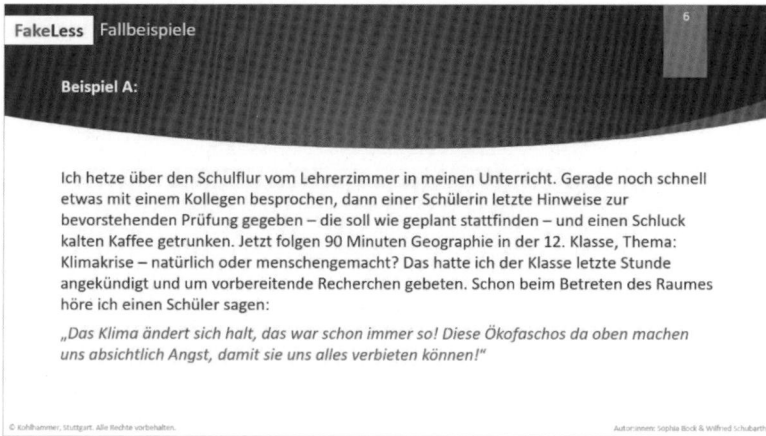

Abb. 20: Fallbeispiel A

Abb. 21: Fallbeispiel B

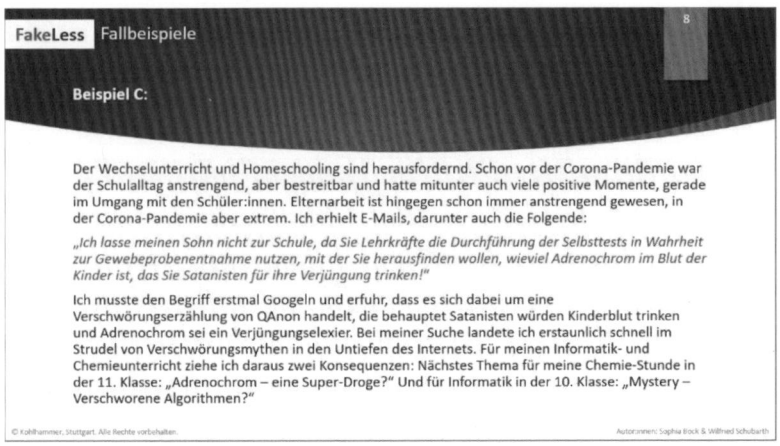

Abb. 22: Fallbeispiel C

Von diesen und/oder eigenen Fallbeispielen ausgehend, wird den Lehrkräften die Frage gestellt, wie sie in der jeweiligen Situation reagieren und handeln würden bzw. ob sie sich in der Verantwortung und in der Lage sehen, sofort zu *intervenieren* oder eine der Folgestunden ihrer Sequenzplanung als *Präventionsmaßnahme* zu gestalten.

Bevor im zweiten Teil der Fortbildung das notwendige Basiswissen zu Verschwörungsmythen und Kompetenzen zum Umgang mit Verschwörungsideologien auf- und ausgebaut werden, ist es notwendig, die Teilnehmer:innen mit einem Selbsttest (▸ Anhang) weiter zu sensibilisieren, denn Nocun und Lamberty (2020) haben festgestellt: »So gut wie jeder Mensch bringt die Veranlagung dafür mit, an Verschwörungserzählungen zu glauben. In einem gewissen Rahmen ist das absolut normal. Wie so oft macht auch hier erst die Dosis das Gift« (Nocun & Lamberty, 2020, S. 14). Dies ist eine wichtige Erkenntnis der schon seit den 1980er-Jahren durchgeführten und repräsentativen psychologischen Forschung, die im deutschsprachigen Raum unter anderem auch in den *Leipziger Mitte-Studien* zum Einsatz kam. Wichtig ist dabei festzuhalten, dass der Test nicht spezifisch die Verschwörungsmentalität an sich misst, sondern primär ein generelles Misstrauen gegenüber dem Establishment bzw. »denen da oben« (Nocun & Lamberty, 2020).

Den Teilnehmer:innen wird zunächst der Test ausgehändigt. Nach der Bearbeitung erhalten sie den Auswertungsbogen, der ebenfalls durch eine Folie visuell unterstützt wird und diskutiert werden kann (Abb. 23):

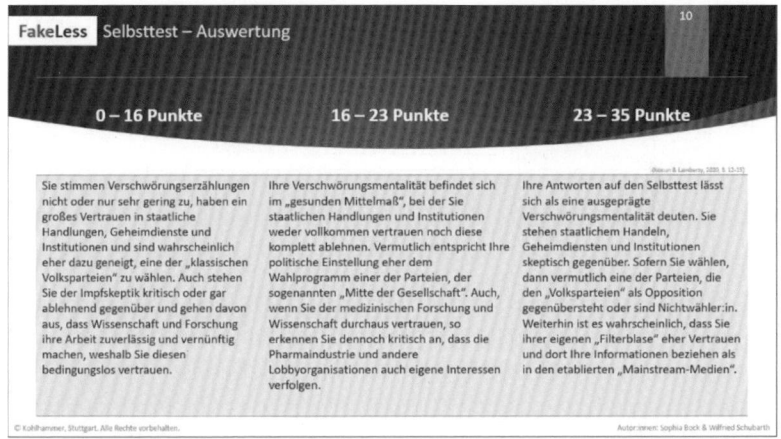

Abb. 23: Selbsttest Auswertung

Die Ergebnisse des Selbsttests können im Rahmen der Fortbildung bei Bedarf diskutiert werden, dienen aber in erster Linie der Selbstreflexion.

Da – wie oben bereits beschrieben – davon auszugehen ist, dass Lehrkräften das notwendige Wissen über und zum Umgang mit Verschwörungsideologien fehlt, folgt auf die einführende *Sensibilisierung* inklusive Vorstellung der Fortbildungsziele (Abb. 24) der Auf- und Ausbau von *Basiswissen* zu Verschwörungsmythen sowie *Kompetenzen* zum Umgang mit Verschwörungsideologien.

Grundlage hierfür ist der vorangestellte Theorieteil dieses Buches, dessen einzelne Teilkapitel immer mit Wiederholungsfragen enden.

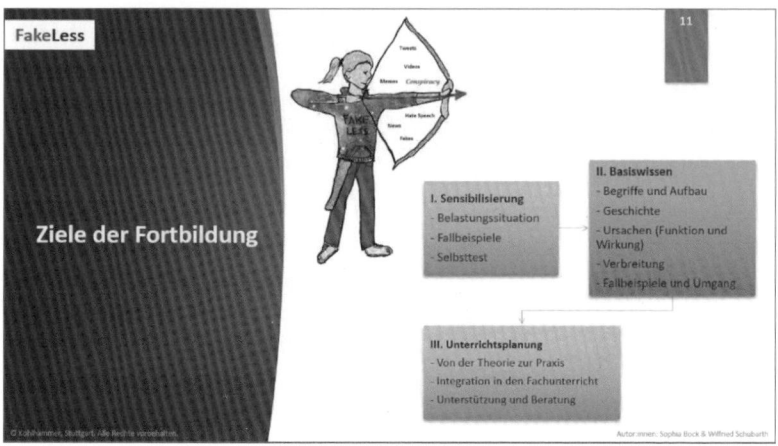

Abb. 24: Ziele der Fortbildung

Zusammengefasst werden diese leitfragenorientiert beantwortet und in Form eines Handouts (FAQs Verschwörungsmythen) zur Verfügung gestellt, auf das die Lehrkräfte bei der abschließenden *Unterrichtsplanung* zurückgreifen und auch als Kopiervorlage zur Ergebnissicherung im Unterricht einsetzen können.

... zur Praxis: Unterrichtsplanung

Aus der Logik des Planens im Allgemeinen, aber auch der konkreten Unterrichtsplanung im Besonderen ergibt sich eine Grundstruktur, deren drei erstgenannte Punkte im Rahmen der Fortbildung umgesetzt werden sollen (Abb. 25).

Hier geht es nicht primär darum, Lehrkräften Unterrichtsplanung zu erklären, dieses Handwerk ist schließlich Teil ihrer Profession. Im Rahmen der Fortbildung soll der Fokus daher auf der Hilfestellung bei der fachspezifischen Zielformulierung liegen, bei der notwendigerweise auch eine kurze Bedingungsanalyse erfolgen sollte. Um die Planung zu erleichtern, ist es sinnvoll anhand einer Vorlage (Tab. 13)

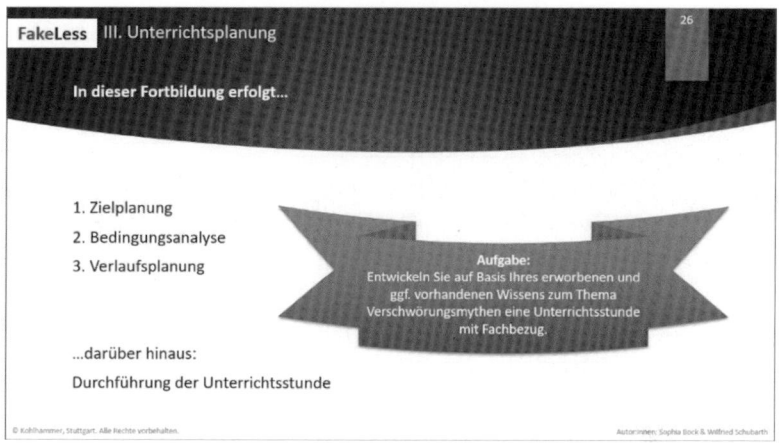

Abb. 25: Unterrichtsplanung

stichpunktartig eine kurze Verlaufsplanung zu skizzieren. Diese Punkte sind als Ergebnissicherung und anzustrebendes Ziel der Fortbildung zu betrachten und werden abschließend von den Teilnehmer: innen vorgestellt und gemeinsam diskutiert. Die Durchführung der Unterrichtsstunde erfolgt schließlich außerhalb der Fortbildung durch die Lehrkräfte.

Fokus des Konzeptes sollte jedoch weniger der konkrete Inhalt der vorgestellten Verschwörungsideologie sein, der primär dem Fachbezug als Anknüpfungspunkt dient und sich mit Fakten leicht enttarnen lässt. Vielmehr geht es vom fachbezogenen Beispiel ausgehend übergeordnet darum, Funktionen und Argumentationsmuster von Verschwörungsmythen im Allgemeinen zu erkennen, einzuordnen und deren Gefahrenpotenziale zu beurteilen, um daraus Umgangsstrategien mit Verschwörungsglauben entwickeln zu können. Als Ergänzung hierzu steht über die Webseite des Verlags eine kompakte Handreichung mit didaktischem Kommentar, einer tabellarischen Verlaufsplanung sowie Kopiervorlagen für den Einsatz im Unterricht zur Verfügung. Der Einsatz dieser Materialien ist optional und dient als Anregung zur Vermittlung des Basiswissen zum Thema Verschwörungsmythen im

133

Tab. 13: Verlaufsplanung

Thema: Verschwörungsmythen

Fach:

Hauptziel: Die Schüler:innen können Verschwörungsmythen *erkennen* und *beschreiben*, Funktion und Wirkung *erklären* sowie deren Gefahrenpotenzial *beurteilen* und Umgangsstrategien *diskutieren*.

Klasse:	Lerngruppe:	Methoden:
Zeit:		Medien:

Phase	Inhalt	Kommentar

Modul 1: Sensibilisierung

TZ 1: Die Schüler:innen können die Verschwörungserzählung *erkennen* und *beschreiben*.

Phase	Inhalt	Kommentar
Einstieg	Verschwörungserzählung	fachbezogen
Erarbeitung I	Begriffsdefinition Dekonstruieren mittels Baukasten Historische Übersicht	keine Begriffsdebatte z. B. Zeitstrahl, Fokus auf Motive Bezug zum Einstieg
Sicherung I	Definition, Aufbau, Geschichte	Arbeitsblatt (Kopiervorlage 1) Es ist ein Hoax! – Was sind Verschwörungsmythen? Methodenkarte: Internetrecherche (Kopiervorlage 8)
Überleitung	Selbsttest zur Reflexion	Arbeitsblatt (Kopiervorlage 2) Das glaube ich (nicht)! – Selbsttest

Phase	Inhalt	Kommentar

Modul 2: Basiswissen

TZ 2: Die Schüler:innen können die Funktion und Wirkung der Verschwörungserzählung *erklären*.

Tab. 13: Verlaufsplanung – Fortsetzung

Erarbei- tung II	Funktion Verbreitung Gefahren Exkurs: Radikalisierung	Arbeitsblatt (Kopiervorlage 3) Mystery – Wie gefährlich sind Verschwörungsmythen? → Lernprodukt (z. B.): Poster/Plakat/Padlet
Sicherung II	Basiswissen	Arbeitsblatt (Kopiervorlage 4) Verschwörungsmythen – FAQs

Phase	Inhalt	Kommentar
Modul 3: Digitale Prävention und Umgang		
TZ 3: Die Schüler:innen können das von der Verschwörungserzählung ausgehende Gefahrenpotenzial *beurteilen* sowie mögliche Umgangsstrategien *diskutieren*.		
Erarbei- tung III	Quiz Erkennen von Verschwörungsmythen	Arbeitsblatt (Kopiervorlage 5) Fakt oder Fake? – Faktenchecker Methodenkarte: Internetrecherche (Kopiervorlage 8)
Sicherung und Trans- fer	Umgang mit Verschwö- rungsgläubigen → Rollenspiele: dabei unterscheiden in »Wer ist (noch) erreichbar und wer nicht (mehr)?«	Arbeitsblatt (Kopiervorlage 6) Schlafschaf – Umgang mit Verschwörungs- glauben Rollenkarten (Kopiervorlage 7)

Rahmen des Fachunterrichts. Modifikationen sind möglich und erwünscht.

Ziel der Fortbildung ist also die angeleitete *Entwicklung einer eigenen Unterrichtsstunde* zum Thema Verschwörungsmythen auf Basis individueller fachspezifischer Inhalte und Kompetenzen.

Hierzu werden für jedes Fach Beispiele zu Integrationsmöglichkeiten von Verschwörungserzählungen genannt. Folgende Tabelle listet die Ideen nach Fachbereichen und Fächern auf (Ausschnitt, weitere Folien im Begleitmaterial nach Fachbereichen geordnet). Diese können entweder genutzt oder durch die Fortbildungsteilnehmer:innen ergänzt werden. Die Auflistung ist lediglich als Inspiration zu betrachten und erhebt keinen Anspruch auf Vollständigkeit. In den PowerPoint-Folien des Begleitmaterials sind diese Beispiele ebenfalls enthalten (Abb. 26):

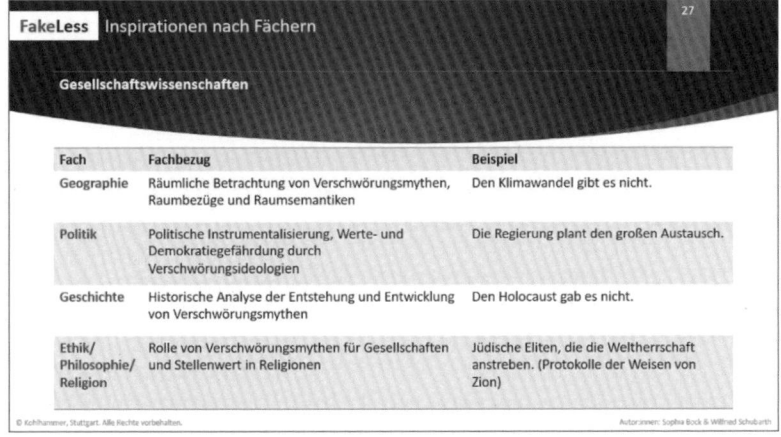

Abb. 26: Integrationsmöglichkeiten nach Fächern (Auszug)

Der Abschluss der Fortbildung dient sowohl der fachlichen Diskussion der ausgearbeiteten Unterrichtsideen sowie der kritisch-konstruktiven Selbstreflexion.

Das hier entwickelte Konzept beruht zum einen auf grundsätzlichen theoretischen Grundlagen zur Lehrkräftefortbildung. Zum anderen wurden auch erfahrene Lehrkräfte zu ihren Bedürfnissen und Konzeptvorstellungen befragt. Damit sollte die praktische Umsetzbarkeit bestmöglich gewährleistet werden. Im Fokus standen dabei vor allem die organisatorischen Rahmenbedingungen, insbesondere die zeitlichen und personellen Ressourcen, aber auch die konkreten individuellen Wissens- und Kompetenzbestände. Daraus ließen sich verschiedene Umsetzungsmöglichkeiten ableiten. Vorrangig wurde dabei der Wunsch nach der Herstellung von thematischen Bezügen zum Fachunterricht geäußert. Darüber hinaus wurde das Konzept in

Ansätzen bereits auch auf seine Praxistauglichkeit in verschiedenen Lerngruppen (Jahrgänge 7 bis 12) getestet. An diese Bedürfnisse gilt es anzuknüpfen, um eine Überführung in die Schulpraxis zu ermöglichen und zur *Prävention* im Umgang mit Verschwörungsmythen im schuldidaktischen Kontext zu motivieren. Der folgende Abschnitt zeigt konkrete Ansatzpunkte für die Umsetzung des Konzepts in der Praxis.

6.3 Umsetzung in der Schulpraxis

Was nützt das beste Konzept, wenn es nicht in der Schulpraxis ankommt und nicht genutzt wird? Schule ist bekanntlich ein eher beharrendes, selbstreferentielles System, das Neuem meist wenig aufgeschlossen gegenübersteht. Dennoch sehen wir folgende Wege und Möglichkeiten, wie *FakeLess* in die Schulpraxis kommen kann. Wir orientieren uns dabei an einem handlungstheoretischen Modell von Fend (Abb. 27).

Auf *normativer Ebene* wäre es wünschenswert, diesen Themenkomplex im Schulprogramm bzw. -curriculum zu verankern. Dies hätte gleich dreierlei Vorteile: Erstens ist es, wie hier bereits mehrfach ausgeführt wurde, im Sinne der Weiterentwicklung des Systems Schule, die in diesem Themenfeld notwendigen Kompetenzen und Inhalte (insbesondere der Demokratiebildung und Medienkompetenz) fest in den Kanon des zu vermittelnden Wissens aufzunehmen, um damit dem Bildungsauftrag auch angesichts gesellschaftlichen Wandels gerecht werden zu können. Zweitens handelt es sich bei solchen normativen Fort- und Festschreibungen um prozessuale Ermöglichungsgrundlagen. Sie bilden den rechtlichen Rahmen, um die Allokationen von personellen, materiellen sowie zeitlichen Ressourcen zu rechtfertigen. Schließlich ist es derselbe rechtliche Rahmen, der drittens als struktureller Hebel dienen kann, um gewisse Beharrungsmomente im innerschulischen Diskurs zu überwinden und notwendigen Transformationen die benötigte Legitimität und Autorität zu verleihen.

HANDLUNGSEBENE EINZELSCHULE		
Handlungskontexte	**Handlungsformen**	**Handlungsergebnisse**

– Kontext Schülerschaft
– Kontext Lehrerschaft
	– Führungsformen der Leitung
	– Makroorganisation von
	   Unterricht in Raum und Zeit
	– Kollegiale Gestaltungsformen
	   von Schule
		– Schulinterne Regelungen
		– Gremien und Gefäße der
		   Problembearbeitung
		– Schulkultur

HANDLUNGSEBENE UNTERRICHTEN		
Handlungskontexte	**Handlungsformen**	**Handlungsergebnisse**

– Lehrpläne
– Schulische
   Vereinbarungen
– Merkmale der
   Schulklasse
	– Unterrichtsvorbereitung
	– Unterrichten
	– Klassenführung
	– Erziehung
	– Konfliktlösen
		– Durchgeführte Lektionen
		– Grad der Disziplin in der
		   Klasse

HANDLUNGSEBENE SCHÜLER:IN		
Handlungskontexte	**Handlungsformen**	**Handlungsergebnisse**

– Lehrer:innenverhalten
– Angebotene Inhalte
– Innere Umwelt
– Fähigkeiten
– Interessen und
   Motivationen
	– Lernen und arbeiten
	– Soziales Verhalten in der
	   Schule (z.B. Gewalt und
	   Aggressionsbereitschaft,
	   prosoziales Handeln)
		– Leistungen und Kompetenzen
		– Persönlichkeitsmerkmale
		   (Sozial-, Selbst-, Methoden-
		   [und Medien]kompetenz)
		– Einstellungen gegenüber
		   Schule (Wohlbefinden)

Abb. 27: Handlungsebenen (Auszug, eigene Hervorhebungen, angelehnt an Fend, 2007, S. 36 f.)

Den *Schulleitungen* kommt als überwachende, analysierende und steuernde Strukturelemente eine wichtige Rolle bei der Implementation ins schulpraktische Geschehen zu: An ihrer Position laufen alle relevanten Informationen zusammen, sodass sie im Idealfall von allen Strukturelementen den umfassendsten Überblick und das genaueste Lagebild zum Schulalltag haben. Aus dieser informierten Position heraus können Schulleiter:innen wesentliche initiative oder korrigierende Prozessanstöße vornehmen, um eine gelungene Implementierung zu betreuen. Zu solchen gehören beispielsweise an im Aufgabenfeld tätige Kolleg:innen Fortbildungsangebote zu machen oder aber auch externe Ressourcen zur Unterstützung hinzuzuziehen.

Innerhalb des *Kollegiums* liegt der operative Schwerpunkt einer gelungenen Konzeptintegration. Für jeden *Fachbereich* variieren dabei die jeweils angebrachten inhaltlichen und didaktischen Versatzstücke sowie die individuellen Fähigkeiten und Kompetenzschwerpunkte der Kolleg:innen. Hier sind zunächst zwei Prozessmuster von großer Bedeutung: So ist es wichtig, dass ein reger inner-kollegialer Austausch zu Konzepten und deren Umsetzung sowie entsprechenden Best-Practice-Tipps stattfindet. So können durch persönliche Prädispositionen und thematisch-fachliche Affinitäten hervorgerufene Heterogenitäten in Synergiepotentiale umgewandelt werden. Außerdem ist die Etablierung von Zuständigkeiten und repetitiv iterier- und evaluierbaren Umsetzungsabläufen unabdingbar, da so nicht nur eine dynamisch fortschreibbare Routine für das Kollegium, sondern auch eine regelmäßige Rückmeldeschleife für die Schulleitung geschaffen wird.

Es liegt in der Natur der Sache, dass den gesellschaftswissenschaftlichen Fachrichtungen eine gewissermaßen exponierte Position im Gesamtprozess zukommt. Die in diesen Fächern behandelten Inhalte zu Strukturen und Prozessen menschlicher Kollektive in Gegenwart wie Historie sind elementar zum Verständnis von Verschwörungsmythen. Hier ergibt sich folglich die Möglichkeit, den Fachbereich der Gesellschaftswissenschaften als Informationscluster zu begreifen, der als Material- und Wissensnexus anderen Fachrichtungen wichtige Grundlagenelemente zur Verfügung stellt. Andere Fächer wie Physik oder Biologie, die wesentlich zum Widerlegen von inhaltlichen Behauptungen in Verschwörungsmythen sind, können für deren weiteren Kontext auf Materialien aus den Gesellschaftswissenschaften zurückgreifen oder idealerweise (siehe die zuvor genannten Synergien) auf Unterrichtselemente verweisen, ohne selbst zu viel Zeit investieren zu müssen.

Die Möglichkeiten der *individuellen Lehrkraft* sind sehr situativ einzuschätzen: Sie benötigt ein gewisses Mindestmaß an Basiswissen, etwas, was mit dem hier vorliegenden Konzept erreicht werden soll. Dieses Grundwissen ermöglicht spontane *Interventionen*, wenn aus dem Unterrichtsgeschehen heraus die Thematik von Verschwörungsmythen bzw. deren narrative Bestandteile auftreten. Die Lehrkraft muss diese Elemente, sei es beispielsweise im Zusammenhang mit Impfungen im Biologieunterricht oder Antisemitismus in Geschichte oder Religion, erkennen, einordnen und darauf reagieren können. Darüber hinaus sollte – unterstützt durch Fortbildungen und das kollegiale Netzwerk – Demokratiebildung und Medienkompetenz zum permanenten Rahmen für inhaltliche Betrachtungen in den jeweiligen Fächern werden.

Die Arbeit des Kollegiums und der Schulleitung sollten eingebettet sein in eine umfassende Schulkultur, die die gelehrten Werte auch lebt. Durch Einbeziehung der Schüler:innen in Form von Institutionen wie Schüler:innenräten, der Eltern und externe Expert:innen kann eine dynamische Umgebung geschaffen werden, die im Fokus auf gelebte Demokratie und der aktiven Begegnung antidemokratischer Tendenzen den richtigen Boden für Demokratielernen bereitet. Die Angebote zur Information und Weiterbildung können und sollten dabei auf Eltern und Schüler:innen ausgedehnt werden.

Auch bei der Frage, in welchen Formaten *FakeLess* in die Schule gelangen kann, sehen wir mehrere Möglichkeiten: SchilF, Multiplikator:innenausbildung, Qualifizierung von schulinternen Ansprechpartner:innen, Kooperationsveranstaltungen mit externen Partner:innen.

Ein etwas längerer Weg in die Schulpraxis ist der Weg über die Ausbildung angehender Lehrkräfte. Wir plädieren dafür, dass alle Lehramtsstudierenden sowohl in der ersten als auch in der zweiten Phase (Referendariat) Grundkenntnisse zum Thema erwerben sollten – am besten in Form des *FakeLess*-Konzepts. Dies setzt allerdings eine weitere Reform der Lehrkräftebildung voraus, da die bildungswissenschaftlichen Anteile – ebenso wie die fachdidaktischen – weitgehend beliebig und nach wie vor zu gering sind (Schubarth, 2017). Aktuelle gesellschaftlich und schulpraktisch relevante Themen wie Mobbing, Rechtsextremismus oder Verschwörungsmythen sind meist unterrepräsentiert und hängen von den jeweiligen Dozierenden ab (Ulbricht, 2019). Eine öffentliche Debatte über ein modernes Leitbild von Lehrkräften und der Lehrkräftebildung im digitalen Zeitalter wäre vonnöten, um ein stärker praxis- und demokratierelevantes Lehramtsstudium zu erreichen.

Krisensicher – Analog oder digital?

Die Corona-Krise hat die schon seit langem vorhandenen Defizite des deutschen Bildungssystems offengelegt. Unter Pandemie-Bedingungen zeigten sich enorme Schwierigkeiten in der Koordination und digitalen Ausstattung von Schulen und Universitäten. Sowohl die Etablierung regelmäßiger digitaler Unterrichtseinheiten als auch die Verfügbarkeit von Hardware und Software auf Seiten der Lehrenden wie auch der Lernenden stellte viele Schulen und Universitäten bundesweit vor Herausforderungen.

Aus diesem Grund ist das *FakeLess*-Konzept so gestaltet, dass es sich nahezu problemlos auch im digitalen Raum durchführen lässt. Inhaltlich weicht die digitale nicht von der analogen Durchführung ab, lässt sich jedoch in digitaler Form sogar etwas dynamischer gestalten und strukturieren. Bei digitalen Formaten besteht für Gruppenarbeiten beispielsweise die Möglichkeit, die Teilnehmer:innen in sogenannte Breakout-Sessions (digitale Kleinräume) aufzuteilen, in denen die Gruppen – wie im analogen Raum auch – diskutieren, Ergebnisse austauschen und Präsentationen erstellen können. Außerdem kann der Host der Sitzung jeder Gruppe beliebig beitreten, um den Arbeitsprozess zu begleiten und ggf. Hilfestellungen zu geben. Zudem haben alle Teilnehmer:innen die Möglichkeit der Bildschirmfreigabe, um mit Einzelnen oder mit der gesamten Gruppe Inhalte zu teilen und zu diskutieren.

Auch wenn digitale Fortbildungen die Vorzüge von Präsenzveranstaltungen (soziale Interaktion, direkter Face-to-Face-Austausch, u. U. weniger technische Probleme etc.) nicht kompensieren können, so ist es doch sowohl in Pandemie-Zeiten als auch darüber hinaus organisatorisch und zeitlich im eng getakteten Schulalltag eine Möglichkeit, Lehrkräftefortbildungen an Schulen zu organisieren. Anders als bei Schüler:innen überwiegen die Vorzüge von digitalen Veranstaltungen bei Lehrkräften möglicherweise sogar, da sich daran beispielsweise auch von zuhause aus teilnehmen lässt. Sofern eine schulexterne Person die Fortbildung durchführt, erhöht sich ggf. die Reichweite, da keine (weite) Anreise notwendig wäre.

7

Verschwörungsmythen als Herausforderung für Schulen

Nachdem das *FakeLess*-Modell zum pädagogischen Umgang mit Verschwörungsmythen vorgestellt wurde, sollen im Folgenden die schulischen Voraussetzungen für die Umsetzung dieses Konzepts skizziert werden. Dabei geht es auch um die Frage, inwieweit das Thema für die Schule relevant ist und wie kompetent Schüler:innen (und Lehrkräfte) gegenwärtig im Umgang mit Verschwörungsmythen sind.

7.1 Verschwörungsmythen – Relevanz für Lernende

Im ersten Teil des Bandes (► Kap. 4) wurde über empirische Befunde zur Wahrnehmung von Verschwörungsmythen und zur Verschwörungsgläubigkeit bei Jugendlichen berichtet, die auf eine große Relevanz des Themas schließen lassen. Nachfolgend werden die wichtigsten Befunde zusammengefasst:

* Drei Viertel beobachten eine Zunahme von Falschnachrichten und Verschwörungserzählungen. 81 % sehen darin eine Gefahr für die Demokratie (Vodafone Stiftung Deutschland, Paus & Börsch-Supan, 2020).
* Ein Drittel ist anfällig für Verschwörungserzählungen. Jede/r Sechste leugnet das Corona-Virus (MBJS Brandenburg, Sturzbecher et al. 2021).
* Die Verschwörungsmentalität (Überzeugung vom Wirken geheimer Kräfte) ist bei Jugendlichen und Erwachsen mit etwa ein Drittel etwa gleich groß (Baier & Manzoni, 2020).
* Das Misstrauen gegenüber Politik und Medien ist groß. Etwa die Hälfte meint, dass die Regierung der Bevölkerung die Wahrheit verschweigt (Albert et al. 2019).
* Als Risikofaktoren für Verschwörungsglauben werden der Bildungs- und soziokulturelle Hintergrund, Gefühle von Benachteiligung und Kontrollverlust sowie eine rechtspopulistische Orientierung angenommen.

Wie die Studien zeigen, sind Verschwörungserzählungen mittlerweile Bestandteil des Alltagslebens von Jugendlichen geworden, auf die sie in irgendeiner Weise reagieren sollten. Die Bedeutung des Themas ergibt sich nicht nur aus der Alltagsrelevanz für Jugendliche, sondern auch aus der Spezifik der Jugendphase selbst. In der Sozialisationstheorie wird die Jugendphase, insbesondere die Pubertätsphase, als eine sensible Phase beschrieben, in der vielfältige Entwicklungsaufgaben zu bewältigen sind und sich die eigenständige Identitätsbildung in Wechselwirkung mit der äußeren Umwelt vollzieht.

Die Relevanz des Themas für die Jugendphase ergibt sich aus Folgendem:

- Die Jugendphase ist eine sensible Entwicklungsphase, in der noch kein gefestigtes Wertesystem bzw. Weltbild vorhanden ist, was für Verschwörungserzählungen anfällig machen kann.
- Diese Phase ist eine Probe- und Experimentierphase, in der Erwachsene auch provoziert und getestet werden.
- Die Jugendphase ist eine Zeit, in der die Peergroup und vor allem die sozialen Medien dominieren. Die gestiegene Mediennutzung geht einher mit einer Gefährdung durch Fake News und Verschwörungserzählungen.
- Aufgrund der Beeinflussbarkeit im Jugendalter besteht aber auch die Chance, gerade im schulischen und außerschulischen Kontext Jugendliche aufzuklären und demokratische Werte zu fördern. Ein wichtiger Ansatz dabei ist die Entwicklung digitaler Medienkompetenz.

Wie gut ist die digitale Medienkompetenz Jugendlicher?

Um Verschwörungsmythen wirksam entgegen treten zu können, bedarf es einer hohen digitalen Medienkompetenz. Wie stark diese ausgeprägt ist, zeigt eine *Studie der Stiftung Neue Verantwortung* (Stiftung Neue Verantwortung, Meßmer et al., 2021). Die Untersuchung ist die erste repräsentative Studie für die deutschsprachige Bevölkerung zur digitalen Medienkompetenz (Zeitraum: Herbst 2020, 4.194 Teilnehmer:innen ab 18 Jahren). Dabei wurden Faktenwissen und digitale Fähigkeiten in verschiedenen Kompetenzbereichen getestet: Einordnen von Informationen, Beurteilen der Güte und Glaubwürdigkeit einer Nachricht, Erkennen und Bewerten von Quellen, Wissen über die Funktionsweise sozialer

Medien und die eigene Verantwortung in digitalen Medienumgebungen.

Die Ergebnisse sind ernüchternd: Zwar verfügen die Internetnutzer:innen über gewisse Grundkenntnisse, »[...] doch all das sollte nicht darüber hinwegtäuschen, dass die Befragten insgesamt in fast allen Kompetenzbereichen überwiegend mittelmäßig bis schlecht abgeschnitten haben und es oft an ganz konkreten Kenntnissen und Fähigkeiten fehlt« (ebd., S. 7).

Als zentrale Erkenntnisse der Studie werden herausgestellt:

Viele Menschen sind unsicher im Umgang mit digitalen Nachrichten: Bei 30 zu erreichenden Punkten lag der Durchschnitt bei nur 13 Punkten. Nur 22 % erreichten hohe Kompetenzwerte. Für 46 % wurde eine geringe digitale Nachrichten- und Informationskompetenz konstatiert (Abb. 28).

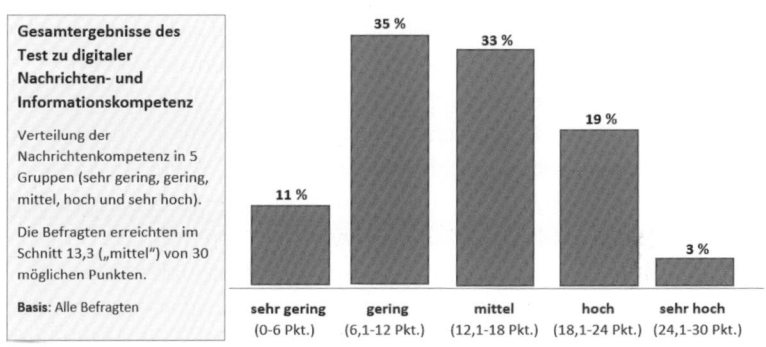

Abb. 28: Digitale Nachrichten- und Informationskompetenz (Stiftung Neue Verantwortung, Meßmer et al., 2021)

Unterschiede zwischen Desinformation, Information, Werbung und Meinung werden oft nicht erkannt: So hielten 56 % der Befragten ein Advertorial trotz Werbekennzeichnung fälschlicherweise für eine Information. Eine Falschinformation auf Facebook wurde von lediglich 43 % der Befragten erkannt. Ebenfalls problematisch ist die Unterscheidung

145

zwischen meinungs- und tatsachenorientierten Beiträgen. So hielt ein Drittel der Befragten einen Kommentar für eine tatsachenorientierte Berichterstattung.

Jüngere sind kompetenter, wichtiger jedoch ist der Bildungsabschluss: Erwartungsgemäß sinkt mit dem Alter die digitale Nachrichtenkompetenz. Allerdings fühlen sich Jüngere von der Informationsflut in den Medien häufiger als Ältere überfordert. Besonders wichtig ist die Schulbildung: Je höher die formale Schulbildung, desto höher die Kompetenzwerte und desto höher auch das Vertrauen in Journalismus und Politik. Besonders nachrichtenkompetent sind die hochgebildeten Befragten zwischen 18 und 39 Jahren. Die niedrigsten Kompetenzwerte haben die unter 40-Jährigen mit niedriger Schulbildung.

Digitale Nachrichtenkompetenz hängt mit demokratischen Einstellungen zusammen: Menschen mit Interesse an Politik, mit Grundvertrauen in Demokratie und Medien sowie mit Toleranz gegenüber anderen Meinungen haben eine höhere Nachrichten- und Informationskompetenz als Menschen mit Demokratie ablehnenden Haltungen.

Die Einschätzung der Vertrauenswürdigkeit einer Quelle gelingt meist, Interessenkonflikte werden oft nicht erkannt: 59 % gelang es, die Vertrauenswürdigkeit von Quellen richtig einzuschätzen, doch der Hälfte fiel es schwer, dahinterliegende Interessenskonflikte zu benennen. Problematisch: 27 % hielt die Anzahl der Likes und Kommentare für einen hilfreichen Hinweis auf die Vertrauenswürdigkeit einer Nachricht.

Das Wissen über die Funktionsweise der sozialen Medien ist sehr unterschiedlich: Zwei Drittel wissen, dass soziale Medien das Recht haben, Beiträge zu löschen. Nur die Hälfte weiß über die Strafbarkeit von Beleidigungen im Internet und etwa ein Drittel über die Löschung von Falschnachrichten Bescheid (Abb. 29).

Viele zweifeln an der Unabhängigkeit des Journalismus: Der Glaube an gemeinsame Machenschaften von Politik und Medien ist weit verbreitet. Ein Viertel teilt »Lügenpresse«-Vorwürfe und dass Medien und Politik Hand in Hand arbeiten, um die Meinung der Bevölkerung zu manipulieren (ein weiteres Viertel teils/teils). 24 % glauben, dass die Bevölkerung von den Medien systematisch belogen wird (weitere

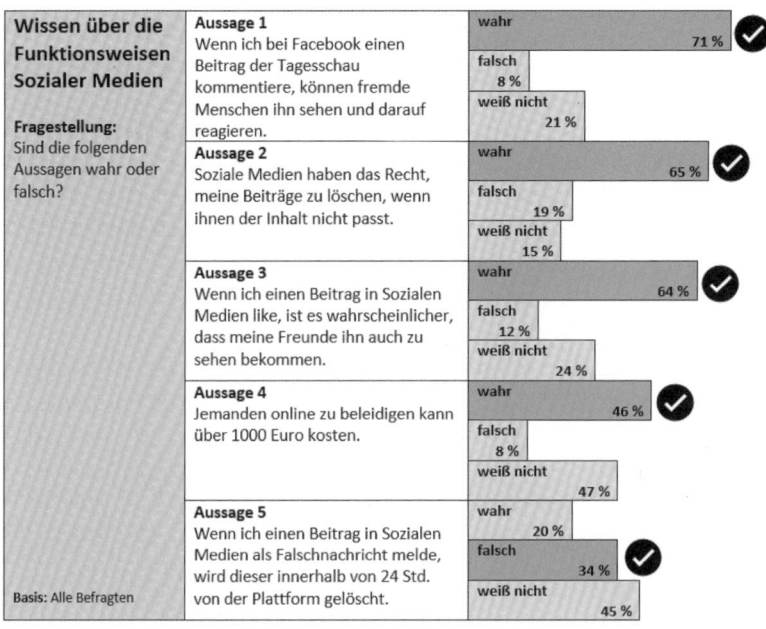

Abb. 29: Digitale Nachrichten- und Informationskompetenz (Stiftung Neue Verantwortung, Meßmer et al., 2021)

30 % teils/teils). An der journalistischen Unabhängigkeit des öffentlich-rechtlichen Rundfunks wird gezweifelt. Nur die Hälfte konnte korrekt beantworten, dass Bundestagsabgeordnete nicht darüber entscheiden, worüber der Rundfunk berichtet. 22 % glauben an eine politische Einflussnahme (24 % »weiß nicht«).

Folgende Forderungen bzw. Folgerungen wurden abgeleitet:

Bessere digitale Schul- und Erwachsenenbildung: Eine digitale Nachrichten- und Informationskompetenz sollte gerade in nichtgymnasialen Schulformen als Lehrplanziel eingeführt werden. Bloße Bedienfähigkeit der Medien reiche nicht aus. Außerdem mehr politische Bildung, kritische Reflexion der eigenen Rolle in digitalen Medien und mehr Vertrauen in journalistisches Arbeiten. Darüber hinaus Fortbildungen in der (beruflichen) Erwachsenenbildung.

Transparente journalistische Angebote: Journalistische Angebote sollten ihre Nachrichten und Informationen so aufbereiten, dass sie für alle Bevölkerungsgruppen verständlich und hilfreich sind.

Klareres Plattformdesign: Social-Media-Plattformen erschweren einen verantwortungsvollen Umgang mit Nachrichten und Informationen, ihre Funktionslogik begünstigt eher Desinformation. Deshalb werden plausible und gut sichtbare Kennzeichnungen sowie Transparenz über die Plattform-Architektur eingefordert, die für Nutzer: innen verständlich und praktikabel sind. Faktencheck-Labels allein seien dagegen nicht zielführend (ebd., S. 7 f.).

Auch eine *PISA-Sonderauswertung* (Vodafone Stiftung Deutschland, Sälzer, 2021) unter 15-Jährigen belegt, dass Schüler:innen in Deutschland große Probleme haben, Fakten von Meinungen zu unterscheiden. Nur 45 % konnten demnach in Texten richtig zuordnen, was Fakt und was Meinung ist. Nur rund die Hälfte gab an, in der Schule gelernt zu haben, was Meinungen von Fakten unterscheidet und ob Informationen aus dem Internet vertrauenswürdig sind. Deutschland ist damit nur Mittelmaß.

Eine weitere Studie zur Medienkompetenz zeigt eine tiefe Informationskluft bei Jugendlichen: Während sich die eine Hälfte gezielt informiert, findet es die andere Hälfte unwichtig, sich über aktuelle Ereignisse zu informieren. Die Jugendlichen beklagen generell, dass journalistischen Nachrichten der Bezug zu ihrem eigenen Leben fehle. Zudem verweist die Studie auf die hohe Relevanz von Influencer: innen auf die Meinungsbildung (Himmelrath, 2021).

Resümierend kann festgehalten werden, dass einerseits Desinformation und Verschwörungsmythen zunehmend zum (Medien)Alltag Jugendlicher gehören, dass andererseits aber die digitale Medienkompetenz eher mangelhaft ausgeprägt ist. Größere Kompetenzdefizite bestehen insbesondere bei der Beurteilung der Qualität der Nachrichten und der Quellen sowie hinsichtlich der Funktionsweise sozialer Medien und der eigenen Verantwortung im digitalen Raum. Mangelnde (digitale) Medienkompetenz geht mit Misstrauen gegenüber Medien, Politik und Demokratie einher, weshalb Fortschritte im Auf- und Ausbau von Medienkompetenz dringend notwendig erscheinen.

7.2 Umgang mit Verschwörungsmythen – Aufgabe von Schule?

Nun also auch noch Verschwörungsmythen als Aufgabe von Schule – als hätte Schule in den letzten Jahren nicht schon genug Aufgaben aufgebürdet bekommen: Gewalt und (Cyber)Mobbing, Inklusion, Integration, Extremismus, Antisemitismus, Rassismus, Hatespeech, Digitalisierung usw. Viele Schulen stoßen an ihre (Belastungs)Grenzen.

Und dennoch: Wie im I. Teil gezeigt, haben Verschwörungsmythen ein demokratiegefährdendes Potenzial. Ein Bildungssystem, das die eigenverantwortliche und gemeinschaftsfähige Persönlichkeit zum Ziel hat, sollte sich auch mit Verschwörungsmythen auseinandersetzen. Diese Auseinandersetzung ist zugleich Bestandteil von Demokratiebildung, die in den (Schul)Gesetzen der Bundesländer und in den Beschlüssen der Kultuskonferenz (KMK) verankert ist (z. B. KMK, 2018, Berliner SchulG § 1 und § 2; Brandenburger SchulG § 4, Abs. 4):

>»In der Schule als Ort gelebter Demokratie werden die Würde des jeweils anderen großgeschrieben, Toleranz und Respekt gegenüber anderen Menschen und Meinungen geübt, Zivilcourage gestärkt, demokratische Verfahren und Regeln eingehalten und Konflikte gewaltfrei gelöst« (KMK, 2018, S. 4).

Schulen (und Hochschulen) bereiten auf die Gesellschaft von morgen vor. Die Verbreitung von Verschwörungserzählungen und das von ihnen ausgehende Gefahrenpotenzial macht eine Thematisierung im didaktischen Kontext notwendig. Wie das mit relativ geringem Aufwand geschehen kann, zeigt unser Konzept *FakeLess* (▶ Kap. 6).

Der *Schule als Sozialisationsinstanz* kommt dabei ein besonderer Stellenwert zu: *Erstens* ist sie die einzige Instanz, mit der alle Kinder und Jugendlichen durch Aufklärung und (Medien)Bildung über einen langen Zeitraum erreicht werden können. Sie ist *zweitens* die Instanz, in der Kinder und Jugendliche aus unterschiedlichen soziokulturellen Milieus zusammenkommen und Konflikte und Meinungsvielfalt zum Alltag gehören. Damit hat Schule *drittens* auch die Möglichkeit, eine

149

(politische) Streitkultur einzuüben, demokratierelevante Werte und Kompetenzen zu fördern und gegebenenfalls rechtzeitig zu intervenieren.

Das Schulsystem ist in einer Demokratie den *Werten der Aufklärung* verpflichtet. Das vermittelte Wissen ist begründet und belegbar. Verschwörungsmythen stehen einer aufgeklärten Wissenschaft konträr gegenüber. Sie versuchen zwar den Eindruck von Wissenschaftlichkeit zu erwecken, ihre Erzählungen sind jedoch nicht belegbar. Vielmehr werden Wahrheit und Plausibilität vertauscht und eine »spannende Story« als absolute Wahrheit erzählt. Die Prämissen dieser Story sind dann nicht mehr überprüfbar, Gegenargumente werden abgeblockt bzw. als Teil der Story uminterpretiert. Deshalb ist es wichtig, verschwörungsaffinen Schüler:innen kompetent zu begegnen (Amadeu Antonio Stiftung, Geffken et al., 2020).

Wie bereits im I. Teil gezeigt, ist Schule auf unterschiedliche Weise mit Verschwörungsmythen konfrontiert: Über Videos, Memes, Chats oder Kommentare gelangen sie in die Lebenswelt der Schüler:innen. Zudem sind Verschwörungserzählungen so vielseitig, dass es keiner speziellen Webseite bedarf (▶ Kap. 3). Mitunter treten Verschwörungsideolog:innen auch im analogen Raum auf und suchen gezielt Schulen auf, um Kinder und Jugendliche zu beeinflussen (ebd.).

So wichtig angesichts demokratiegefährdender Tendenzen die Umsetzung des Aufklärungs- und Erziehungsauftrags auch ist, so schwer fällt es Schule, diesem in ausreichendem Maße gerecht zu werden. Schule sieht sich dabei vor allem zwei Problemen gegenüber: zum einen, dass Verschwörungsmythen an Schulen – wie in der Gesellschaft – keine Einzelfälle oder Phänomene einer kleinen Minderheit sind und sowohl Schüler:innen als auch Eltern sowie auch die Lehrkräfte betreffen, und zum anderen, dass Schule in der derzeitigen Verfasstheit die Realisierung des Auftrages nur bedingt leisten kann. Zu letzterem gehören auch die mangelnden Kompetenzen der Lehrkräfte (▶ Kap. 7.3).

Schwierigkeiten bei der Umsetzung des Erziehungsauftrages ergeben sich schon aus den unterschiedlichen gesellschaftlichen Funktionen von Schule: Einerseits soll sie die Heranwachsenden im Sinne der Integrationsfunktion mit tradierten Werten und Normen vertraut machen, um das politische System zu stabilisieren. Andererseits hat sie auch eine Selektionsfunktion, nach der sie die Heranwachsenden in unterschiedliche Schul- und Berufslaufbahnen lenken soll. Dies kann insbesondere bei sozial benachteiligten Jugendlichen zu Identitätsproblemen führen und sie ggf. anfälliger für Verschwörungsideologien machen. Schule ist somit selbst Teil des Problems: Sie reproduziert strukturbedingt Ideologien der Ungleichheit und setzt Entsolidarisierungsprozesse in Gang. Hinzukommt die Dominanz der Wissensvermittlung gegenüber dem Erlernen von Sozial-, Demokratie-, Werte- und Medienkompetenz. Zudem mangelt es in vielen Bereichen an Ressourcen (Wachs et al., 2021a). So überrascht es nicht, dass bei brisanten Themen wie Rechtsextremismus oder eben Verschwörungsideologien die Verantwortung an externe Expert: innen und zivilgesellschaftliche Organisationen abgegeben wird (Salzborn & Kurth, 2019). Dies kann sinnvoll sein, dennoch sollte Schule ihre »Hausaufgaben« machen und ihre eigenen Potenzen nutzen. Allerdings: Schule ist nur einen Teil der Sozialisation von Kindern und Jugendlichen, andere Bereiche (Familie, Peers) sind ebenso von Bedeutung. Hierzu zählen auch die sozialen Medien, die mit Schule in Konkurrenz treten und deren Rolle zum Teil übernommen haben (Medienpädagogischer Forschungsverbund Südwest, Feierabend et al., 2014).

Ein spezieller curricularer Ansatz zum Umgang mit Verschwörungsmythen wurde mit unserem *FakeLess*-Konzept vorgestellt (► Kap. 6). Darüber hinaus kann auf folgende schulische Möglichkeiten verwiesen werden, die Verschwörungsglauben vorbeugen und demokratische Haltungen stärken können (Friedrich-Ebert-Stiftung, Achour & Wagner, 2019; Bundesministerium für Familie, Senioren, Frauen und Jugend, Lüders, 2021; May & Heinrich, 2020; Rademacher, 2021; Schubarth et al., 2017, 2019):

- Demokratische Schulkultur entwickeln, die Respekt und Wertschätzung gegenüber allen Menschen fördert
- Faire Streitkultur und kritische Urteilsfähigkeit entwickeln

* Digitale Medienkompetenz ausbauen
* Politische und historische Bildung stärken
* Demokratiepädagogische Ansätze ausbauen (Klassenrat, SV-Arbeit, Demokratietraining, Deliberation usw.)
* Ansätze der Wertebildung und Gewaltprävention nutzen (Dilemmata-Methode, Lernen durch Engagement, Peer Mediation, Gewaltfreie Kommunikation usw.)

Neben diesen eher präventiven Ansätzen ist in akuten Fällen auch Intervention nötig. Hier kommt es darauf an, nicht wegzuschauen oder wegzuhören, da dies als Zustimmung verstanden werden kann. Eine frühzeitige Thematisierung ist auch ein Signal an potenzielle Mitläufer:innen. Das setzt voraus, dass die Lehrkräfte selbst über entsprechende Kompetenzen zum Umgang mit Verschwörungsmythen verfügen.

7.3 Verschwörungsmythen – Herausforderung für Lehrkräfte und Lehrkräftebildung

Zur Frage, inwieweit Lehrkräfte über Kompetenzen verfügen, pädagogisch angemessen auf Verschwörungsmythen zu reagieren, liegen bisher kaum Befunde vor. Anzunehmen ist, dass angesichts der Vielzahl der Anforderungen dieses Thema, ähnlich wie beim Rechtsextremismus, nachrangig ist. Aufgrund der knappen Ressourcen und des Primats der Wissensvermittlung sind die Anstrengungen der Lehrkräfte primär auf die effektive Vermittlung von curricularem Wissen gerichtet (Siebertz-Reckzeh & Hofmann, 2007). Dies ist – auch im Unterschied zu Demokratie- und Wertebildung – viel leichter überprüfbar und messbar.

Vorliegende Studien lassen auf einen Nachholbedarf bei Demokratiekompetenz unter Lehrkräften schließen. So kommt die Studie der *Bertelsmann Stiftung* zum Schluss, dass der Stellenwert von Demokratiebildung an Schulen als mäßig einzustufen sei (Bertelsmann Stiftung, Schneider & Gerold, 2018). Demnach könnten den Schüler:innen politische Urteils- und Handlungskompetenzen nur eingeschränkt vermittelt werden. Die Ursache sei in einer mangelhaften Demokratiekompetenz bei Lehrkräften zu verorten, da nur die Hälfte angab, über entsprechende Strategien zu verfügen. Problematisch sei zudem, dass jüngere Lehrkräfte die Demokratiebildung als weniger relevanter einschätzten als ältere, was der aktuellen Lehrkräftebildung kein gutes Zeugnis ausstellt.

Dass Demokratiebildung an Schulen keinen hohen Stellenwert hat, bestätigt auch eine Studie unter Lehramtsstudierenden in Deutschland, Österreich und Belgien (Max-Träger-Stiftung, Dippelhofer et al., 2018). Demnach stehen sie politischen und gesellschaftlichen Themen mehrheitlich kritisch, distanziert und ambivalent gegenüber. Sie sind zwar politisch interessiert, für eine eigene Urteilsbildung sind ihnen die politischen Prozesse jedoch zu komplex. Weiterhin fehlt es an Kenntnissen über die Funktionsweise des politischen Systems und die Verinnerlichung demokratischer Prinzipien. Lediglich die Hälfte der Befragten sei mit diesen fest verwurzelt (ebd.). Auch beim Thema Rechtsextremismus sind die Kompetenzen ausbaufähig. Nur ein Drittel der Lehrkräfte gibt an, über angemessene Kompetenzen im Umgang mit Rechtsextremismus zu verfügen (Berlin Ramer Institute, 2017) So verwundert es nicht, dass viele Lehrkräfte brisante politische Themen eher meiden.

Zugleich sind Lehrkräfte angesichts antidemokratischer Positionen im öffentlichen Raum zunehmend herausgefordert. Mitunter wird ihnen vorgeworfen, sie würden das staatliche Neutralitätsgebot verletzen, was eine (bewusste) Fehlinterpretation dieses Gebotes ist. Bei Positionen, die den Menschenrechten entgegenstehen, haben Lehrkräfte nicht nur das Recht, sondern auch die Pflicht, solche Positionen einzuordnen und ihnen zu widersprechen. Hierzu erklärt das *Institut für Menschenrechte*:

»Wird der Grundsatz der gleichen Menschenwürde und der Rechtsgleichheit eines jeden Individuum in Frage gestellt, haben Lehrer:innen sowie Akteure im Rahmen staatlich geförderter Bildungsarbeit dem zu widersprechen, auch wenn es sich um Positionen politischer Parteien handelt. Wesentlich ist allein, dass die Auseinandersetzung sachlich erfolgt« (Deutsches Institut für Menschenrechte, Cremer, 2019, S. 32).

In der Corona-Pandemie sind Lehrkräfte auch zur Zielscheibe von Kritiker:innen der Corona-Maßnahmen geworden. Laut einer Studie wurden 7 % der Lehrkräfte im Zusammenhang mit Corona-Maßnahmen direkt und 6 % über das Internet beschimpft, bedroht, beleidigt oder gemobbt – meist von Eltern, aber auch von Schüler:innen oder schulfremden Personen. 2 % berichteten davon, dass ihnen Fälle von körperlicher Gewalt bekannt sind (forsa Politik- und Sozialforschung GmbH, 2021).

Als Folgerung ist abzuleiten, dass anerkannt wird, dass Verschwörungsmythen an Schulen verbreitet sind. Zugleich sollte deren demokratiegefährdendes Potenzial als Herausforderung begriffen und ernst genommen werden (Salzborn & Kurth, 2019). Sinnvoll wäre es dabei, Demokratiebildung, Werte, Rechtsextremismus und Radikalisierung als Querschnittsthemen in allen Unterrichtsfächern sowie fächerübergreifend oder projektorientiert an (Hoch)Schulen zu etablieren, um Verschwörungsgläubigen die Anhängerschaft zu entziehen. Das heißt auch, dass der Demokratiebildung und der politischen Bildung in der Lehrkräftebildung ein höherer Stellenwert zukommen sollte. Zudem brauchen die Akteure die Unterstützung von politisch Verantwortlichen und ein deutliches Bekenntnis, dass eine auf Demokratie und Menschenrechten gründende politische Bildung unverzichtbar ist (Bundesministerium für Familie, Senioren, Frauen und Jugend, Lüders, 2021).

8

Umgang mit Verschwörungsglauben – Empfehlungen für die Jugendarbeit

Frank Winter

Schnell bemerken junge Menschen, dass Erwachsene oft ratlos und ohnmächtig sind, wenn sie mit Verschwörungserzählungen konfrontiert werden. Es gibt keine standardisierten Konzepte zum Umgang mit solchen Situationen. Verschwörungserzählungen erzeugen – so würde es psychoanalytisch gedeutet – unbewusst diejenige Ohnmacht in den Erwachsenen, die die jungen Menschen in sich selbst spüren und die sie verbergen müssen. Gleichzeitig ist diese im anderen sichtbar gemachte und zugleich verborgene eigene Hilflosigkeit großer Anreiz, noch mehr Verschwörungserzählungen zu finden und noch kruderen Lügen anzuhängen.

Verschwörungserzählungen sind wie Wahngebilde selbsterhaltend und aus der Außenwelt nicht oder nur sehr schwer aufzulösen, weil »Auflöseversuche« in das Gebilde eingebaut werden: Seit Februar 2021 wird der Kochbuchschreiber und Corona-Aufwiegler Attila Hildmann per Haftbefehl gesucht: Er baut das triumphierend in seine Ideologie und sein Selbstimage ein und feiert sich als »Corona-Leugner Nr. 1«, um seine scheinelitäre Position weiter aufzuwerten. Aus Angst flieht er aber gleichzeitig in die Türkei.

Offene Konfrontation führt also eher zu Verfestigungen des Verschwörungsglaubens oder zu Kontaktabbrüchen. Damit ein integrierender Umgang mit Verschwörungserzählungen in der Jugendarbeit gelingen kann, bedarf es anderer *Interventionen*. Einige seien exemplarisch von A bis Z aufgeführt:

Absprachen im haltenden Team über Ziele und den koordinierten Umgang mit Verschwörungserzählungen sind Voraussetzung für wirkungsvolle Interventionen. Diese Absprachen müssen sowohl fachlich begründet als auch eingehalten werden. Dies ist auf jede Form der Jugendarbeit, der psychoanalytischen Sozialarbeit und generell auf den Umgang mit gravierenden Konflikten übertragbar.

Bange-Machen gilt nicht: Ein Klima der Repression und das Schüren von Angst evozieren die Verfestigung von Verschwörungsgedanken. Ebenso kontraproduktiv sind Gegenrede oder eine »Kultur des Wegschauens«, wenn Pädagog:innen sich durch Verschwörungslügen erschrecken oder einschüchtern lassen.

Chancen haben Konzepte, die, von den Verschwörungsgedanken der jungen Menschen ausgehend, Widersprüche aufdecken und kritisch nachfragen. Resultiert die Anhängerschaft an Verschwörungserzählungen aus Unsicherheit, kann eine nachvollziehbare Faktenschaffung nützlich sein und Sicherheit schaffen. Verschwörungsgedanken dürfen von Pädagog:innen nicht mitgetragen, müssen aber ernsthaft diskutiert werden. Auch wenn dies hilflos macht, ermüdend ist und vordergründig vielleicht zu nichts führt.

»*Der stete Tropfen ... !*« Verschwörungsgedanken sind – auch, aber nicht nur – jugendtypische Phänomene, denen sich Jugendarbeit stellen muss. Verschwörungserzählungen sind (nicht nur) symbolischer Austragungsort für entwicklungsbedingte Konflikte, sondern gleichzeitig sehr konkret auf aktuelle Problemlagen bezogen. Pädagog:innen sollten auf konstruktive Arten der Konfliktaustragung mit Verschwörungsgläubigen fundiert vorbereitet werden. Hier bestehen Fortbildungsbedarfe.

Entwertungen vermeiden und junge Menschen in ihrer unbewussten Suche nach Halt – Winnicott definierte Delinquenz als »Zeichen von Hoffnung« (Winnicott, 1988) – ernst zu nehmen, bedeutet, verlässlich, sensibel und besonnen auf Konfrontationen mit Verschwörungserzählungen zu reagieren und dabei zu wissen, dass die Anhängerschaft an eine Verschwörungserzählung einen innerpsychischen/psychosozialen Grund hat – ob der vordergründig sichtbar ist oder nicht.

Fatale Spaltungen vermeiden! Verschwörungsmythen ist es inhärent, dass sie spalten in gut und böse, für und wider, zugehörig oder Feind. Psychoanalytisch betrachtet, sind solche Spaltungen Abwehrmechanismen, die dazu dienen, die psychische Integrität aufrecht zu erhalten. Sie passieren also sofort, unbewusst und sind nur äußerst schwer zu überwinden. Äußere Anzeichen für Spaltung sind Sichlustig-Machen, Entwertungen, Hass und Durchbrüche von Destruktivität. Auch Spaltungen im pädagogischen Team (z. B. Verharmlosung vs. Ausgrenzung von Verschwörungsgläubigen) sind wahrzunehmen und (durch Supervision) aufzulösen.

Grenzübertretungen durch Verschwörungserzählungen sind immer die Frage nach der Reaktion der Erwachsenen und als solche zu deuten (Winnicott, 1988). Es kann eine Intervention sein, manche Grenzverletzungen zunächst stehen zu lassen, aber auch dies muss verdeutlich werden: »Das lasse ich jetzt so stehen, aber ich komme darauf zurück.«

Hilfe bei Problemen zu suchen und in Anspruch zu nehmen ist ein Zeichen von Kompetenz. Nicht alle jungen Menschen verfügen über diese Kompetenz – darin ähneln sie Pädagog:innen: Wo es sich anbietet, sind externe Wissensvermittler:innen oder gemeinsame Wissensaneignung zielführend.

Integration besonders soziokulturell benachteiligter junger Menschen in das vorhandene soziale Netz von Jugend(hilfe)einrichtungen ist zentrale Aufgabe der Jugendarbeit. Verschwörungsgläubige verlangen nach Re-Integration, die von den die Realität verteidigenden Pädagog:innen eingeleitet und unterstützt werden muss.

Jugend(hilfe)einrichtungen sollen jungen Menschen Medienkompetenz vermitteln. Sie ist bedeutsam bei der Prävention gegen Hate Speech, digitale Gewalt und den Glauben an Verschwörungserzählungen. Schule schafft es offenbar (noch) nicht, diese wichtige Aufgabe als Unterrichtsfach zu integrieren.

Konflikte ernst nehmen Konflikte um Verschwörungserzählungen sind Ausdruck individueller Not und Manifestationen von Macht bzw. Ohnmacht. Junge Menschen lernen am Vorbild der Erwachsenen, mit Macht- und Ohnmachtsgefühlen verantwortungsvoll umzugehen. Daher müssen Pädagog:innen Verschwörungserzählungen ernst nehmen: Erst wenn junge Menschen altersgemäß reflektieren, sind sie befähigt, Folgen von Verschwörungserzählungen zu bedenken.

Leistungsdruck und Beziehungslosigkeit können sich bei vorbelasteten jungen Menschen schnell zu Verschwörungsanhängerschaft verdichten. Pädagog:innen müssen bemüht sein, Kontakt und Beziehung zu erhalten und, wenn dies an Verschwörungserzählungen zu scheitern droht, junge Menschen an spezialisierte Beratungsstellen verweisen (z. B. Sekteninfo NRW, die Plattform »QAnonCasualties«). Jugendarbeit benötigt für Einflussnahmen zuerst tragfähige Beziehungen zu jungen Menschen.

Machtverzicht in der Jugendarbeit bei gleichzeitiger Herstellung eines verlässlichen und stützenden Rahmens für den Umgang mit Verschwörungserzählungen ist Voraussetzung, um Akzeptanz zu fördern. Machtverzicht darf nicht mit Wegschauen, Entwertung, Gleichgültigkeit oder Wegschieben von Verschwörungsgläubigen verwechselt werden: Die Verantwortung für die Beziehungsgestaltung liegt bei den Erwachsenen.

Nachfragen zu Einzelheiten und Hintergründen sind der erfolgreichste Weg, Verschwörungserzählungen ins Wanken zu bringen. Bemerken junge Menschen, dass sie kein hinreichendes Wissen haben, werden Fragen in ihnen nachklingen und sie werden realitätsgerechte Antworten suchen. Pädagogisch nützliches Material findet sich vielerorts im Netz.

Ordnung und Wahrheit. Verschwörungsgläubige halten sich für kritische Denker, Wissende und Überprüfende des Systems. Dies kann die Jugendarbeit für sich nutzen und gemeinsam mit jungen Menschen kritisch die Verschwörungsmythen und deren Quellen prüfen und hinterfragen. Gemeinsam heißt, eine ernst gemeinte Basis zu schaffen und auf Besserwisserei und Hohn zu verzichten, die die Verschwörungsanhängerschaft nur stärken würden. Faktenchecker-Webseiten sind hilfreich, um jungen Menschen einen Weg zu realitätsbezogener Wahrheit zu ebnen, ohne dass sie ihr Gesicht verlieren.

Positive Beispiele sind notwendig: Pädagog:innen sollten vorleben, dass auch sie sich kritisch mit Verschwörungserzählungen auseinandersetzen oder berichten, für welche sie selbst empfänglich wären. Wer Konfliktsituationen positive Wendungen geben kann, unterstützt junge Menschen darin, eigene konstruktive Wege zu finden, sich in der inneren Welt widersprechenden äußeren Realität zurecht zu finden. Die Psychoanalyse unterscheidet innere und äußere Realitäten, die in jedem Menschen – nicht nur bei Verschwörungsgläubigen – differieren. Freud postulierte daher die beständige sogenannte »Realitätsprüfung«: Quasi permanente psychische Faktenchecks für Neurotiker:innen. Kontraindiziert: Verschwörungsgläubige als psychisch krank oder dumm abzuwerten.

QAnon zeigt die Gefährlichkeit und Sektenhaftigkeit von Verschwörungsbewegungen. Sich aus einer Bewegung zu lösen, erfordert einen sicheren Platz in der Realität der Erwachsenen. Manche junge Menschen leiden darunter, dass ihre Erziehungsberechtigten oder andere Familienangehörige Verschwörungserzählungen anhängen. Bestandteil der Jugendarbeit muss es sein, junge Menschen darin zu stärken, in konflikthaften Zuspitzungen mit Erziehungsberechtigten angemessen zu agieren und problematische Diskussionen auszuhalten.

Regelmäßiger Austausch im Team, Fallbesprechungen und externe Supervision sind Voraussetzung, wenn mit Psychose-nahen oder traumatisierten jungen Menschen gearbeitet wird, die Verschwörungserzählungen anhängen und sich pädagogisch-therapeutischen Beziehungen verweigern.

Selbstfürsorge und Selbstschutz ernst nehmen: Diskussionen mit Verschwörungsgläubigen rauben Energie: Je enger die Beziehung, desto größer sind Leid und Energieverlust. Pädagog:innen sollten eine Balance finden zwischen dem Einlassen auf Auseinandersetzung und Selbstfürsorge, aber auch Begrenzung und Konzentration auf andere Probleme und Sorgen. Der Leidensdruck ist bei Verschwörungsgläubigen immer geringer als bei denjenigen, die einen angemessenen Realitätsbezug wiederherzustellen versuchen, weil Verschwörungserzählungen der Stabilisierung der psychischen Integrität dienen. Sind Freund:innen oder Familienangehörige von Pädagog:innen oder gar Teile des Teams ebenfalls Verschwörungserzählungen verfallen, ist die Selbstfürsorge von besonderer Wichtigkeit.

Tabus sollten durch Verschwörungserzählungen gebrochen und die Welt der Erwachsenen erschüttert werden. Ein Tabu durch eine Erzählung, also symbolisiert zu brechen, ist schon ein Verzicht auf eruptive Gewalt. Über den Umgang mit Tabubrüchen sollte in der Jugendarbeit möglichst Einvernehmen mit den Beteiligten hergestellt werden. Junge Menschen kennen die Mechanismen in Jugendhilfe-Einrichtungen sehr genau. Es ist immer kontraproduktiv, wenn Erwachsene Tabubrüche oder bestehende Probleme nicht wahrnehmen wollen (z. B. Drogenkonsum, Gewalt- und/oder sexualisierte Übergriffe).

Unaufgearbeitete Selbstwertprobleme und Kränkungen bzw. Stigmatisierungen junger Menschen sollten wahrgenommen und bearbeitet werden. Die Stärkung des Selbstwertgefühls ist der Schlüssel zur Loslösung von Verschwörungserzählungen. Empathische Beziehungen, die von Wertschätzung und Respekt geprägt sind, ermöglichen es, über problematische Verschwörungsinhalte konstruktiv zu sprechen. Jedes Gespräch über eine Verschwörungserzählung muss sich auf die Lüge beschränken und darf nicht den Wert des Menschen infrage stellen, der ihr anhängt.

Versagen und Versagensangst erzeugen Gefühle extremer Kränkung und Beschämung. Beschämung ist dasjenige Gefühl, das am schwersten zu ertragen ist und das am häufigsten zu gewalttätigen Durchbrüchen führt. Daher sind Selbsthilfegruppen und Verweise zu solchen Gruppen oder Online-Foren hilfreich, um jungen Menschen einen Ausweg aus dem Verschwörungsglauben zu bieten, der sie nicht beschämt, weil sie sich dort z. B. anonym oder gegenüber neutralen Dritten äußern können (Triangulierung).

Weltbilder werden extremer, je länger scheinbar ausweglose Situationen ertragen werden. Empörungswellen bestimmen die Umgangsformen, eine Diskurs-Kultur ist kaum noch erkennbar. Empörung und der Glaube an Verschwörungserzählungen sind aber dysfunktionale Bewältigungsmechanismen, die unbewusst die Angst vor Kontrollverlust, Ohnmacht und Unsicherheit mindern und negative Gefühle ausblenden. Zugleich vermittelt die Gemeinschaft der Anhänger: innen einer Verschwörungserzählung das Gefühl elitärer Zugehörigkeit durch vermeintlich exklusiven Zugriff auf besonderes Expert: innenwissen. Je länger Empörung und Glaube anhalten, desto extremer werden die Positionen, desto abgekoppelter von der Realität und sektenhafter die Haltungen der Verschwörungsgläubigen.

Xenophobie und Verschwörungsmythen gehen seit Jahrhunderten enge Verbindungen ein. Xenophobe junge Menschen sind anfälliger für Verschwörungserzählungen. Fremdenangst zu mindern, mindert folglich auch Gefahren durch Verschwörungsideologien.

Ziel aller Interventionen in der Jugendarbeit muss es sein, den Kontakt zu den jungen Menschen nicht zu verlieren und nicht zu gefährden, sondern möglichst ein regenerierendes Beziehungsobjekt zu sein, das jungen Menschen bisweilen fundamentale Beziehungserfahrungen überhaupt erst ermöglicht.

9

Verschwörungsglaube als Herausforderung im privaten Umfeld

Ob Corona, Klima oder Migration: Wohl jeder Mensch ist in seinem privaten Umfeld schon Falschbehauptungen begegnet – besonders in der Corona-Pandemie. Fronten können sich schnell verhärten und sogar Beziehungen zerbrechen. Wer dagegen an argumentiert, fühlt sich schnell überfordert und fragt, ob sich das überhaupt lohnt. Ja, es lohnt sich: »Falschmeldungen und auch Verschwörungserzählungen sind davon abhängig, dass sie von möglichst vielen Menschen geglaubt und weitererzählt werden, daher können wir alle versuchen, diese Verbreitung zu erschweren« (Brodnig, 2021, S. 128).

Welche Strategien im Umgang mit Verschwörungsgläubigen hilfreich sein können, soll im Folgenden beschrieben werden. Dabei

stellen wir mehrere Ansätze vor: A) Das Fünf-Phasen-Modell prosozialen Verhaltens, B) Strategisches Diskutieren, C) ein Vier-Stufen-
Modell, D) Zehn praktische Tipps und E) Zehn Tipps zur Gesprächsführung.

A)   Fünf-Phasen-Modell prosozialen Verhaltens

Dieses Modell basiert auf Arbeiten der Sozialpsychologen Bibb Latané
und John M. Darley (Latané & Darley, 1970). Es ist für prosoziales
Verhalten konzipiert und eignet sich auch zum Umgang mit
Verschwörungsgläubigen (Abb. 30).

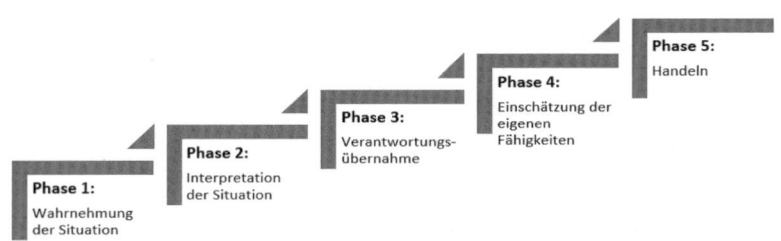

Abb. 30: Fünf-Phasen-Modell des prosozialen Verhaltens (Latané & Darley, 1970)

Phase 1: Wahrnehmung der Situation
Zunächst muss die Aussage des Gegenübers als problematisch wahrgenommen werden. Meist äußert sich die Person nicht direkt, eher
indirekt und es braucht Zeit, dies zu erkennen.

Phase 2: Interpretation der Situation
Nach der Wahrnehmung bedarf es der Interpretation. Diese ist
maßgeblich von der Situation abhängig. Fällt die Äußerung beiläufig
in einer größeren Gruppe, wird sie vermutlich als weniger problematisch wahrgenommen und niemand unternimmt etwas. Dies wird
in der Psychologie als pluralistische Ignoranz bezeichnet. Äußert sich
die Person hingegen im direkten persönlichen Gespräch, ist die

Wahrnehmung und Interpretation etwas einfacher und sollte entsprechend interpretiert werden.

Phase 3: Verantwortungsübernahme
Diese Phase ist maßgeblich von der sozialen Konstellation zum bzw. zur Verschwörungsgläubigen abhängig, denn eine Intervention bedeutet immer auch einen Eingriff in diese. Gegenüber einer oder einem Vorgesetzten könnte das ungleiche Machtverhältnis problematisch sein, und auch innerhalb der Familie ist es schwierig, den sozialen Frieden durch Interventionen zu stören.

Phase 4: Einschätzung der eigenen Fähigkeiten
Je nach Inhalt der Äußerung ist es wichtig, sich die Konsequenzen der Intervention bewusst zu machen, denn die offene Ansprache ist den meisten unangenehm. Evtl. weiß der bzw. die in der Situation nicht genau, was sie auf die Äußerung erwidern soll oder kann potenzielle Gefahren, gerade bei Verschwörungsmythen aus dem rechten Spektrum, nicht genau einschätzen oder hat Angst, sich selbst psychisch und physisch in Gefahr zu begeben.

Phase 5: Handeln
Nun kommt es auf das konkrete Handeln, die Zivilcourage, an. Das ist nie leicht, da es sich bei Verschwörungsgläubigen um Gläubige handelt, die in ihrem binären Weltbild gefangen und meist immun gegen Fakten sind. Mitunter werden kaum kritisierbare Andeutungen geäußert, von Thema zu Thema gesprungen oder die Gegenargumente einfach in die eigene Ideologie integriert. Dennoch ist es wichtig, gerade menschenfeindliche und rechtsextreme Verschwörungsmythen nicht unkommentiert zu lassen, sondern Gegenrede zu betreiben, denn Stillschweigen kann von Verschwörungsgläubigen als Zustimmung interpretiert werden und damit einen verstärkenden Effekt auslösen.

Die jeweilige Strategie hängt davon ab, wer der Adressat ist und welches Ziel man erreichen will: Geht es um Verschwörungsgläubige selbst oder um Gefährdete oder potenzielle Mitläufer? Geht es um

Verwandte, Freunde, Bekannte oder um unbekannte Personen im Internet? Will ich Gegenrede betreiben, überzeugen oder einfach mit ihnen im Gespräch bleiben und evtl. die Beziehung nicht gefährden?

B) Strategisches Diskutieren

Die österreichische Digitalexpertin Ingrid Brodnig (2021) empfiehlt strategisches Diskutieren, bei dem man sich genau überlegt, ob eine Diskussion sinnvoll ist, wieviel Zeit und Energie man investieren und welches Ziel man erreichen will. Generell sollte – im Kleinen wie im Großen – das Gespräch gesucht werden. Als Leitlinien empfiehlt sie Folgendes (ebd., S. 127 ff.):

Überlegen Sie, wie sehr die Person von ihrem Standpunkt überzeugt ist: Wenn Menschen schon tief im Verschwörungsdenken eingetaucht sind, sind sie durch Argumente kaum zugänglich. Und dennoch: Wenn man jemanden erreichen will, bedarf es einer wertschätzenden Gesprächsebene. Statt Kontaktabbruch wäre eine Kontaktreduzierung denkbar oder eine andere Gesprächsmodalität, dass man die dahinter liegenden Bedürfnisse anspricht, z. B. Warum ist dir das wichtig

Setzen Sie sich realistische Ziele: Da ein Überzeugen der Verschwörungsgläubigen häufig eher unrealistisch ist, sollte versucht werden, die Ängste der Betroffenen ernst zu nehmen und ihnen Mut zuzusprechen. Ein Ziel kann auch sein, die Familie oder Bekannte im Vorfeld für Desinformation zu sensibilisieren.

Überlegen Sie sich: Wo ist Ihre Zeit gut investiert? Oft besteht die Gefahr, viel Zeit zu investieren, aber wenig zu bewirken, da bei vielen (Facebook-)Gruppen schon eine fixe Meinung besteht. Dagegen ist eine Diskussion mit einem heterogenen Publikum aussichtsreicher.

Ziehen Sie enge Grenzen, worüber Sie sich austauschen: Um z. B. der Taktik des Themen-Hoppings zu entgehen, kann man genau das benennen, eine Verschwörungserzählung herausgreifen und nach der Quelle fragen. Insgesamt sollte mehr Raum den richtigen Informationen gewidmet und das eigene Umfeld auf seriöse Publikationen oder Sendungen hinzugewiesen werden.

C) Vier-Stufen-Modell des Umgangs mit Verschwörungsgläubigen

Der Religionswissenschaftler Michael Blume (2020) empfiehlt folgendes Vier-Stufen-Modell (ebd., S. 133 ff.):

Stufe 1: Sich bewusst machen, dass es sich kaum um ein rationales, sondern ein emotionales Thema handelt. Deshalb: nicht die »Theorien« diskutieren, sondern die dahinter verborgenen Emotionen erfragen und ggf. Hilfe anbieten.

Stufe 2: Auf seriöse Podcasts, Blogs und Bücher verweisen. Mitunter werden Zweifelnde noch erreicht.

Stufe 3: Wenn ggf. Schaden zu befürchten ist, wird ein Beratungsgespräch mit einer Sektenausstiegsorganisation empfohlen.

Stufe 4: Erwachsene sind für ihr eigenes Handeln verantwortlich. Deshalb muss man sich in extremen Fällen selbst schützen und auf Distanz gehen. Für den Fall einer Umkehr kann ein Gespräch angeboten werden.

D) Zehn Tipps zum Umgang mit Verschwörungsideologien

Die folgenden praktischen Tipps wurden vom Zentrum Ökumene Hessen und Nassau (2021) zusammengestellt (ebd., S. 18 ff.):

- Sich selbst hinterfragen (lassen), keine vorschnellen Urteile bzw. Zuschreibungen treffen: Vorsicht mit dem Totschlagargument »Das ist eine Verschwörungsideologie«, da hinter den Ideologien auch ethische, politische oder ökologische Anfragen stehen.

* Respektvoll bleiben: Damit wird dem Gegenüber signalisiert, dass es um einen Dialog auf Augenhöhe geht.
* Kritisches Denken fördern, Fake News enttarnen, Medienkompetenz stärken.
* Hintergründe checken, was ist das eigentliche »Thema«? Gründe herausfinden, z. B. welche Emotion, Einstellung oder biografische Erfahrung dahinterstehen könnte.
* Sorgen ernst nehmen, im Gespräch darüber bleiben, das eigentliche Thema bearbeiten.
* Früh intervenieren, Gefahr für Demokratie und Gesellschaft nicht unterschätzen.
* W-Fragen stellen: Warum ist das so, Weshalb siehst Du das so? Wer sagt es? Welchen Gewinn hast Du davon?
* Gegengeschichten erzählen, Betroffenheit erzeugen.
* Grenzen ziehen.
* Unterstützung und Hilfe in Anspruch nehmen, Allianzen schaffen.

E) Zehn Tipps zur Gesprächsführung

Die im Band des Öfteren zitierten Forscher:innen Nocun und Lamberty haben ihre Analysen weitergeführt und zehn Tipps zur Gesprächsführung erstellt (Nocun & Lamberty, 2021, S. 113 ff.):

* Widersprechen und zugleich Gesprächsbereitschaft signalisieren: »Jedem steht es frei zu glauben, was er will. Trotzdem interessiert mich, was du denkst.«
* Herausfinden, warum der andere das glaubt: »In dieser Hinsicht haben wir wahrscheinlich unterschiedliche Haltungen. Ich würde aber gerne verstehen, was dich an dieser Sache so begeistert.«
* Gespräche deeskalieren: »Ich merke gerade, dass wir uns nicht mehr richtig zuhören. Vielleicht machen wir besser eine Pause und unterhalten uns nachher weiter.«
* Abwertende Begriffe ansprechen: »Ich habe dich immer als Menschen erlebt, dem Respekt wichtig ist. Der Begriff ›Schlafschaf‹

klingt aber sehr entwertend für mich. Ist es dir nicht auch wichtig, dass wir auf Augenhöhe miteinander sprechen?«

- Quellen hinterfragen: »Ich finde es ebenfalls wichtig, selbst zu denken. Was du mir gerade erzählst, scheint aus einer Quelle übernommen zu sein. Hast du mal kritisch nachgeprüft, ob z. B. finanzielle oder politische Interessen dahinterstecken?«
- Bekehrungsversuche eindämmen: »Ich merke, dass ich da eine Grenze habe. Hast du einen Vorschlag, wie wir in Zukunft damit umgehen können?«
- Rassistische und antisemitische Äußerungen benennen: »Du weißt, dass ich deine Meinung achte, aber solche Verallgemeinerungen sind nicht in Ordnung.«
- Den Fokus verschieben: »Vielleicht kommen wir damit gerade nicht weiter und lassen es erst einmal so stehen. Wollen wir stattdessen lieber ... «
- Obsessive Beschäftigung thematisieren: »Hast Du das Gefühl, es tut dir gerade gut, dich damit zu beschäftigen?«
- Eine Kontaktpause wünschen: »Ich habe das Gefühl, dass deine Position mehr und mehr verhindert, einander wirklich zwischenmenschlich zu begegnen. Ich brauche eine Pause von den Inhalten, die du in letzter Zeit vertrittst.«

Zusammengefasst: Es gibt nicht die *eine* Erfolg versprechende Strategie beim Umgang mit Verschwörungsgläubigen, sondern viele unterschiedliche Ansätze. Es kommt auf den jeweiligen konkreten Fall an, auf das strategische Ziel und die verfügbaren Ressourcen. Übergreifend scheint Konsens, dass es nicht nur um Aufklärung und Fakten geht, sondern vor allem um dahinter liegende Bedürfnisse und Gefühle, die zu thematisieren sind. Dazu bedarf es zum einen eines respektvollen Umgangs, eines Dialogs auf Augenhöhe und zum anderen entsprechendes Wissen und kommunikative Kompetenzen. Wenn jedoch Grenzen überschritten werden, sollte deutlich Stellung bezogen werden.

10

Verschwörungsmythen begegnen – Eine gesamtgesellschaftliche Aufgabe

Pädagogische Ansätze, ob schulisch oder außerschulisch, sind nur *ein* Teil gesellschaftlicher Anstrengungen im Umgang mit Verschwörungsmythen, ganz ähnlich wie bei Gewalt, Rechtsextremismus oder Hatespeech (Schubarth, 2020b; Schubarth & Stöss, 2001; Wachs et al., 2020, 2021a). Alle Bereiche sind gefordert beizutragen, um Verschwörungsmythen zurückzudrängen:

> »User:innen, die Hassbeiträgen in ihrem Umfeld konsequent widersprechen; Soziale Netzwerke, die ihre Community Standards verbessern, Hassgruppen von den Plattformen werfen, Desinformation widersprechen, Wissenschaft Forschungszugänge ermöglichen und ihre Moderationsteams gut schulen, betreuen und bezahlen; Strafverfolgungsbehörden, die mit genügend Mitar-

beitenden und Kompetenzen ausgestattet sind, um Hassrede konsequent zu ahnden; Medien, die darauf verzichten, Klicks mit Rassismus und der Reproduktion rechtextremer Thesen zu machen und ihre Kommentarspalten mit genügend Personal und pro-faktischer Haltung moderieren; Politik, die Hate Speech nicht nur mit Gesetzen einzudämmen versucht, sondern versteht, dass der Hass in den Köpfen hinter den Bildschirmen sitzt und deshalb Präventionsarbeit gegen Rassismus, Antisemitismus und Rechtsextremismus fördert« (Rafael, 2021, S. 349).

Im Folgenden soll das an Beispielen aus Politik, Justiz, Internetkonzerne, Medien und der Zivilgesellschaft erläutert werden.

Politik und Justiz

Zu den Bestrebungen von Politik und Justiz gegen Hass und Falschinformation vorzugehen, gehört vor allem das *Netzwerkdurchsetzungsgesetz* (2018), das soziale Netzwerke zur Löschung und Sperrung strafbarer Inhalte verpflichtet – bisher aber nur mit mäßigem Erfolg. Daneben wird die Einführung einer Klarnamenpflicht sowie einer Kennzeichnungspflicht für Social Bots (künstliche Intelligenz, die durch gefakte Profile den Diskurs beeinflusst) gefordert. Auch diese Maßnahmen verpuffen, da viele Menschen Hass und Verschwörungserzählungen absichtlich unter Angabe ihres Klarnamens verbreiten (Rost et al., 2016). Umso wichtiger ist es, bei Straftaten konsequent die Strafverfolgung aufzunehmen. Das erfordert eine Kooperation der Sicherheitsbehörden mit den Plattformbetreibern, die Auskunft über die Täter:innen geben müssen. Erschwerend kommt die Überlastung deutscher Gerichte hinzu.

Social Bots als solche zu kennzeichnen, wäre eine sinnvolle Möglichkeit, um der Verbreitung von Desinformationen und Stimmungsmache entgegenzutreten. Insbesondere solche, die sich auf besondere Ereignisse beziehen und von mehreren Nutzer:innen auf mehreren Plattformen gleichzeitig verbreitet werden, sind wegen ihres Emotionalisierungspotenzials problematisch. Teilweise werden diese Falschmeldungen auch unhinterfragt von den etablierten Medien übernommen und erfahren dadurch eine noch größere Reichweite (Schwarz, 2020).

Die jüngsten Gesetzesänderungen im Jugendschutzgesetz sind hingegen nicht ausreichend. Hier wird relativ unspezifisch etwas mehr von allem gefordert: mehr Schutz, mehr Orientierung, mehr Durchsetzung. Es verbleibt jedoch bei der Androhung hoher Geldstrafen bei gescheitertem »dialogischen Verfahren«, neue Alterskennzeichnungen bei gewalthaltigen Inhalten von Online-Games und »freiwilliger Selbstkontrolle« der Plattformbetreiber. Ausgenommen sind nichtkommerzielle Angebote, private Blogs und Foren, wodurch deren Einfluss unterschätzt, die Regulierungsmöglichkeiten kommerzieller Netzwerke und Messenger-Dienste (Facebook, YouTube u. a.) dagegen überschätzt wird (BMFSFJ, 2021).

Internetkonzerne

Einer notwendigen Regulierung von Internetkonzernen steht deren Monopolstellung und rechtsraumübergreifende Agitationsmöglichkeiten entgegen. Profitabel ist, was geklickt wird, und dafür sind emotionalisierte Inhalte prädestinierter als nüchterne Fakten. Es musste offenbar erst zum Attentat in Christchurch kommen, damit Facebook sich zur Löschung und Sperrung derjenigen entschließen konnte, die an Ideologien der Überlegenheit von Weißen, weißen Nationalismus und weißen Separatismus glauben (Facebook, 2019).

Auch Twitter und YouTube unternehmen wenig gegen Fake News und Verschwörungserzählungen. So wurde einer der YouTube-Kanäle des rechtsradikalen Martin Sellner, dem Gründer der Identitären Bewegung in Österreich, erst gesperrt, doch kurz darauf wieder freigegeben (Stefano, 2019). Dass es sich bei den Inhalten auch um die Verbreitung des Verschwörungsmythos vom »Großen Austausch« handelt, der Kernideologie der Identitären, wurde vom Moderationsteam von YouTube scheinbar nicht erkannt. Auch Twitter gewährt Sellner Verbreitungsmöglichkeiten. Facebook und Instagram haben Sellner inzwischen gesperrt.

Twitters inkonsequente Strategie zeigt sich auch am Beispiel des Verschwörungsideologen Alex Jones, der auf seinen Infowars-Kanälen Videos über die Leugnung von Gewalttaten verbreitete. Jones u. a.

profitieren von der medialen Reichweite sozialer Medien und deren inkonsequente Vorgehensweise bezüglich Sperrung. Während iTunes den Podcast von Jones 2018 aus dem Programm strich und auch Spotify, Facebook und YouTube mit Sperrung reagierten, ließ Twitter Jones lange Zeit gewähren (Schwarz, 2020). Ein ähnliches Verhalten ließ sich auch mit dem Account von Donald Trump beobachten, der über Jahre ungehindert Fake News und Verschwörungsideologien verbreiten konnte und erst nach dem Aufruf zur Stürmung des US-Kapitols nach Facebook und Instagram auch von Twitter gesperrt wurde (Leppin et al., 2021).

Ein positives Beispiel im Umgang mit Fake News sind hingegen die Bundestagswahlen 2017, bei der Facebook die Nutzer:innen über die Meldung von Falschinformationen informierte. Die Möglichkeit der Meldung von Beiträgen war vorher nur wenigen bekannt, ebenso wenig wie der Umstand, dass nicht allein die Moderator:innen die Beiträge überprüfen, sondern weltweit in über 50 Ländern zertifizierte Faktenchecker:innen und Non-Profit-Journalist:innen den Meldungen nachgehen. In Deutschland befassen sich u. a. das Recherchebüro *Correctiv* und die Nachrichtenagentur *dpa* mit dieser Aufgabe (Schwarz, 2020), in Österreich *Mimikam.at*. Darüber hinaus gibt es ehrenamtlich betriebene Plattformen zur Überprüfung der Glaubwürdigkeit von Nachrichten, z. B. codetekt.org (Schröter, 2021).

Medien

Die Verbreitung von Verschwörungserzählungen sind nach Ansicht des Medienforschers Bernhard Pörksen (2020) auch Ausdruck der Verschiebung der Diskursgrenzen und der Grenzen des Sagbaren. Mit der Auseinandersetzung des bisher Unsagbaren habe sich die Bewusstseinslage ganzer Gesellschaften und auch die Wahrnehmung des Journalismus verändert (Pörksen, 2020). Die Krise des Journalismus, der Aufstieg von Plattform-Monopolisten sowie der Vertrauensverlust in Medien habe zu einem »Paradox der gegenwärtigen Medienrevolution« geführt: einerseits die Öffnung des Kommunikationsraumes, andererseits die Refeudalisierung durch Plattform-

Giganten (ebd., S. 129). Demzufolge plädiert er für einen »dialogischen Journalismus« und eine »redaktionelle Gesellschaft«. Letzteres meint, dass Grundfragen des Journalismus wie die nach Glaubwürdigkeit und Relevanz von Informationen zu einem Element der Allgemeinbildung werden sollten (ebd., S. 133).

Besonders kontrovers wird über den Umgang der Medien mit Rechtspopulisten und Rechtextremen diskutiert. Der Medienforscher Tanjev Schultz (2020) verweist auf Vor- und Nachteile unterschiedlicher medialer Strategien: Ausgrenzung (Ignorieren, Blockieren), Empörung (Entlarven, Verurteilen), Neutralitätsstrategie (sachlich und faktenorientiert bleiben) (Schultz, 2020). Auch wenn im Pressekodex die Achtung der Menschenwürde fixiert sei, könne eine zusätzliche Klarstellung, wie mit Rechtextremismus umzugehen sei, hilfreich sein (ebd.). Für nicht strafrechtsrelevante Fälle empfiehlt er einen Mix aus verschiedenen Strategien, um der Aufmerksamkeitsfalle zu entgehen: »gelassenes Ignorieren, wenn Rechtsextremisten Wirbel machen wollen; nüchterne Sachlichkeit, wenn sie Journalisten dazu verleiten wollen, die Fassung zu verlieren; kraftvolle moralische und politische Grenzziehung, wenn Rechtsextremisten versuchen, die liberale Grundlagen der Gesellschaft zu zerstören« (ebd., S. 275).

Ein breites Meinungsspektrum darzustellen, ist eine wichtige journalistische Aufgabe. Entmenschlichende und faktenfreie Agitationen sind jedoch keine Meinungen und gehören nicht zu den Inhalten, über die sich ernsthaft diskutieren lässt. Wenn Medien mitunter dennoch darüber berichten, leisten sie einer Normalisierung fremdenfeindlicher Ideologien Vorschub.

Auch manche Berichterstattung über Attentate und Terrorismus ist problematisch. Es gehört zur Medienstrategie von Attentäter:innen mit ihren Taten die größtmögliche (mediale) Aufmerksamkeit zu erlangen, sowohl durch die Tat als auch durch ein selbstverfasstes Pamphlet. Beides gilt es nach Möglichkeit zu ignorieren bzw. die Berichterstattung so knapp und sachlich wie möglich zu halten. Gerade Bilder erzeugen starke Eindrücke. Auch die Veröffentlichung der Pamphlete ist nicht notwendig, da deren Verbreitung zu Nachahmungstaten motivieren kann. So machen sich manche Medien selbst zu »Multiplikatoren des Terrors« (Schwarz, 2020, S. 201). Nicht zuletzt ist auch die Wortwahl entscheidend. Rechtsextreme eignen sich Begriffe an, um deren Sagbarkeit auszutesten. Auch hier gilt: Je häufiger über die Verwendbarkeit von ideologisch aufgeladenen Begriffen diskutiert wird, desto inhaltsleerer wird der Diskurs (ebd.).

In Krisenzeiten polarisiert sich die öffentliche Diskussion. Eine demokratische Gesellschaft ist jedoch auf eine funktionierende Streitkultur angewiesen. Der Medien- und Journalistik-Experte Stephan Russ-Mohl (2020) plädiert deshalb für eine Diskurs-Belebung und gibt folgende Tipps (Russ-Mohl, 2020): sich die eigene selektive Wahrnehmung bewusstmachen, um Bestätigungsfehler (Confirmation Bias) zu vermeiden; auf die Vielfalt der eigenen Informationsquellen achten; Spaltpilze an den rechten und linken Rändern dingfest machen; misstrauisch sein, auch gegenüber den Leitmedien; nicht alles teilen, was die eigenen Vorurteile bestätigt; Filterblasen und Echokammern der anderen anpieksen; mehr Mut zur Erziehung der (eigenen) Kinder sowie von Schüler:innen und Studierenden, um deren Denken zu stimulieren; skeptisch sein und eigenständig denken (ebd.).

Zivilgesellschaft

Die Zivilgesellschaft ist aufgerufen, Verschwörungserzählungen zurückzudrängen. Zugleich ist sie durch zunehmende rechtspopulistische Aktivitäten bedroht, wie eine Studie der Otto Brenner Stiftung unter Gewerkschaften, Wohlfahrtsverbänden, Kirchen sowie dem organisierten Sport- und Kulturbereich zeigt (Otto Brenner Stiftung, Schroeder et al., 2020). So wird versucht, die Zivilgesellschaft als Raum für einen »Marsch durch die Organisationen« zu nutzen. Um dies zu verhindern, wird in der Zivilgesellschaft – ähnlich wir im Medienbereich – nach der passenden Strategie im Umgang mit Rechtspopulisten gesucht. Auch hier wird zwischen Ignorieren, Auseinandersetzen, Ab- und Ausgrenzen und Ausschließen changiert. Der Studie zufolge sind Gewerkschaften, Wohlfahrtsverbände, Kirchen und der Sport- und Kulturbereich herausgefordert, ihre eigenen

Widersprüche zu bearbeiten, um ihrem Anspruch als Hüter des Basiskonsenses gerecht zu werden.

»Ob ihnen dies gelingt, entscheidet mit darüber, inwiefern sie als Schutzfaktor oder Einfallstor für Rechtspopulismus wirken können. Dies ist umso notwendiger, je mehr ersichtlich wird, dass die Erschöpfung der organisierten Zivilgesellschaft selbst die Akzeptanz und Legitimität des Basiskonsenses schwächt« (ebd., S. 121).

Schließlich geht es auch um die eigene Zivilcourage. Alle Nutzer:innen können anonym justiziable Inhalte den Plattformen und Behörden melden. Gleichzeitig müssen Betroffene von digitaler Gewalt ernstgenommen werden. Es ist nicht allein ihre Aufgabe, sich gegen antisemitische, islamfeindliche, rassistische und frauenfeindliche Anfeindungen zu wehren. Diese Aufgabe kommt auch jedem einzelnen Nutzer und jeder einzelnen Nutzerin zu – eben der Zivilgesellschaft, die (digitale) Zivilcourage zeigen sollte (Schwarz, 2020). Deshalb braucht es nicht nur mehr Demokratie, sondern auch mehr Demokrat:innen und den Mut zur Gegenrede, denn:

»Auch wenn eine Krise dieses Ausmaßes und alle Ungewissheit und Angst, die sie mit sich bringt, schwer zu ertragen sind, so müssen wir doch lernen, diese Gefühle auszuhalten. Eine Verschwörungserzählung entlastet zwar kurzfristig von diesen Gefühlen, steht aber einer solidarischen, vernünftigen Bearbeitung der Krise im Weg und macht sie sogar unmöglich. Denn es gilt nicht nur Leben zu schützen, sondern auch demokratische Grundwerte zu verteidigen« (Amadeu Antonio Stiftung, 2020, S. 19).

Resümee und Ausblick

Anlass für das Buch waren die in letzter Zeit in Deutschland und anderen Ländern zu beobachtende Verbreitung von Desinformationen und Verschwörungserzählungen: Fake News, Wahrheitsbeliebigkeit als Ausdruck eines neuen, postfaktischen Zeitalters, deren Signaturen in der Öffentlichkeit wie im Privaten zu beobachten sind und die zu einer Radikalisierung und Polarisierung der Gesellschaft beigetragen haben. Wohin solche Mythen und Erzählungen führen können, zeigen die Terroranschläge in Christchurch (15.03.2019), Halle (9.10.2019) und Hanau (19.02.2020) sowie die Angriffe auf das Reichstagsgebäude in Berlin (30.08.2020) und das US-Kapitol in Washington (6.01.2021). Ein Blick in die Geschichte verdeutlicht: Verschwörungsmythen sind keine neuen Phänomene. Sie durchziehen die gesamte Menschheitsgeschichte und erweisen sich als anpassungs- und wandlungsfähig, wie insbesondere antisemitisch motivierte Erzählungen belegen. Neben antisemitischen und rechtsextremistischen Motiven finden sich Verschwörungserzählungen gegenwärtig vor allem beim Thema Corona-Pandemie und Klimawandel, aber auch in der Esoterik oder gegenüber Frauen.

In Krisenzeiten, wie der Corona-Pandemie, steigt die Anfälligkeit für Verschwörungserzählungen. Verunsicherung, Ängste und Kontrollverlust bilden einen idealen Nährboden. Hinzu kommt, dass sich Falschnachrichten und Verschwörungserzählungen im »digitalen Zeitalter« mit ungeahnter Geschwindigkeit ausbreiten. Der Eindruck, sie hätten zugenommen, kann täuschen und verklärt die Verschwörungserzählungen der Vergangenheit. Sie sind jedoch sichtbarer und präsenter geworden. Pandemie und »Infodemie« bilden eine unheilige Allianz, die bisher geglaubte Gewissheiten erodieren lässt. Die Komplexität gesellschaftlicher Prozesse scheint viele zu überfordern, sodass das Bestreben, die Komplexität in einfache Schwarz-Weiß- bzw. Freund-Feind-Bilder aufzulösen, um sich selbst zu entlasten, leicht zu Verschwörungsgläubigkeit führen kann. Der Glaube an Verschwörungserzählungen wird dann schnell zu einer Art Ersatzreligion. Und tatsächlich: Selbst in einem aufgeklärten Land wie Deutschland, ist der Verschwörungsglaube längst kein Randphänomen, sondern unter jungen wie älteren Menschen weit verbreitet. Studien zufolge kann bei etwa einem Drittel eine Verschwörungsmentalität, die Annahme des Wirkens geheimer Kräfte, angenommen werden. Noch größer ist der Anteil, der meint, dass die Regierung der Bevölkerung die (oder Teile der) Wahrheit verschweigt. Und auch die Gruppe, die Corona leugnet, ist beträchtlich (▶ Kap. 4).

Verschwörungsgläubigkeit kann viele Ursachen haben, von bestimmten Persönlichkeitsstrukturen und biografischen Erfahrungen bis zu politischen und ökonomischen Faktoren. Als Risikofaktoren wurden vor allem der Bildungshintergrund, das soziokulturelle Milieu, Benachteiligungs- und Entfremdungserfahrungen sowie rechtspopulistische Orientierungen ermittelt (▶ Kap. 4 und ▶ Kap. 5). Aufklärung und Bildung erhöhen zwar die Chancen, weniger empfänglich für Verschwörungsglauben zu sein, sind aber nicht hinreichend. Ebenso wichtig ist es, die hinter dem Verschwörungsglauben liegenden Bedürfnisse, Ängste und Gefühle zu erkennen und einer Bearbeitung zugänglich zu machen. Nachhaltige Gegenstrategien sollten deshalb auf mehreren Ebenen ansetzen und auch biografische Erfahrungen einbeziehen. Verschwörungsgläubigkeit ist oft mit Fragen von Anerkennung und Identitätsbildung verknüpft.

Schulen und Lehrkräfte sind durch Verschwörungserzählungen in besonderer Weise herausgefordert. Durch die sozialen Medien, Videos, Memes, Chats oder Kommentare sind sie Bestandteil der Lebenswelt von Schüler:innen und können auch in Unterricht und Schule virulent werden. Zudem versuchen Verschwörungsideolog:innen Kinder und Jugendliche auch vor Ort gezielt zu beeinflussen. Lehrkräfte sind mitunter aber auch selbst Zielscheibe von Verschwörungsgläubigen, z. B. von Kritiker:innen der Corona-Maßnahmen, geworden sowie Beleidigungen und Bedrohungen ausgesetzt. Es muss allerdings eingeräumt werden, dass auch unter den Lehrkräften – an Freien wie an staatlichen Schulen – Verschwörungsgläubige zu finden sind.

Schule hat als Institution aber auch den Auftrag und die Möglichkeit, bei Verschwörungserzählungen zu intervenieren und Verschwörungsgläubigkeit vorzubeugen. Gerade in der Jugendphase als einer sensiblen Entwicklungsphase besteht die Chance, Kinder und Jugendliche im schulischen und außerschulischen Kontext aufzuklären und demokratische Werte zu fördern. Im Zeitalter der digitalen Transformation und der »Medienrevolution« (Pörksen, 2020) ist die zielgruppenbezogene Förderung digitaler Medienkompetenz, von Medienmündigkeit und Diskursfähigkeit dringend geboten. Studien zufolge gibt es hier einen großen Nachholbedarf, z. B. bei der Beurteilung der Qualität von Nachrichten sowie der Funktionsweise sozialer Medien. Da mangelnde (digitale) Medienkompetenz mit Misstrauen gegenüber Medien, Politik und Demokratie einhergeht, wirkt Medienkompetenz demokratiebildend.

Grundlegende Reformen bei der Entwicklung von Curricula sowie im Rahmen der Lehrkräftebildung sind dafür Voraussetzung. Insbesondere vor dem Hintergrund der Corona-Pandemie gehören Fragen nach Sinn und Inhalt von Bildung und Erziehung erneut auf den

Prüfstand. Wenn solche Erziehungsziele wie Solidaritätsfähigkeit, Gemeinwohlorientierung, Empathie oder soziales und demokratisches Engagement für das Überleben der Menschheit wichtiger werden, sollte das auch einen stärkeren Niederschlag in den Bildungs- und Erziehungszielen und in der Schulpraxis finden (Schubarth, 2020a). Schon im Jahre 1985 hatte der Erziehungswissenschaftler Wolfgang Klafki »Schlüsselprobleme der modernen Welt« wie Frieden, Umwelt, Leben in der einen Welt, Technikfolgen, Demokratisierung, gerechte Verteilung in der Welt, Gleichberechtigung, Menschenrechte und Glücksfähigkeit als wesentliche Inhalte einer Allgemeinbildung begründet (Klafki, 2007). Generell sollte der Demokratiebildung und der Medienbildung der Stellenwert zukommen, den es für die Stabilisierung einer demokratischen Gesellschaft braucht (BMFSFJ, Lüders, 2021).

Hier setzt unser Konzept *FakeLess* an, das Lehrkräften ein kompaktes Handwerkszeug im Umgang mit Verschwörungsideologien an die Hand gibt und das sowohl für die *Intervention* als auch die *Prävention* geeignet ist (▶ Kap. 6). Wie oben dargestellt brauchen sowohl Lehrende als auch Lernende Hilfe im Umgang mit Verschwörungsmythen, wobei die Herausforderungen und Ansprüche groß sind. Die Komplexität der Thematik fordert eigentlich die differenzierte Behandlung in verschiedenen Formaten (Projektwoche oder Projekttag). Hierzu gibt es bereits einige gute Konzepte (siehe Anhang). Der reale, durchgetaktete Schulalltag gibt diese zeitlichen Ressourcen jedoch meist nicht her, sodass es eines Konzeptes bedarf, das auch niedrigschwellig in den Fachunterricht integrierbar ist. Die narrative Vielfalt von Verschwörungsmythen bietet für jedes Fach Anknüpfungspunkte, sodass auch in kurzen Lehr-Lern-Settings *Intervention* und *Prävention* möglich sind. Hierbei wollen wir mit *FakeLess* bei der konkreten Unterrichtsplanung unterstützen, für die es einerseits das notwendige Fachwissen zu Verschwörungsmythen braucht, andererseits aber auch eine didaktische Reduktion vonnöten ist.

Damit diese Fortbildung nicht nur von Externen durchgeführt werden muss, haben wir verschiedene Wege aufgezeigt, das Konzept direkt in der Schulpraxis zu verankern. So kann es auf verschiedenen

Handlungsebenen Beauftragte geben, die diese Fortbildung in den jeweiligen Fachbereichen durchführen. Unterstützt und begleitet werden sollte dies durch die Schulleitung, die den Umgang mit Verschwörungsideologien und konkrete Gegenmaßnahmen beispielsweise in das schulinterne Curriculum aufnehmen könnte. Die Durchführung wäre dann durch die jeweiligen Fachbereichsleitungen zu initiieren.

Da die Verbreitung von Verschwörungserzählungen vom (Nicht)-Mitmachen jeder einzelnen Person abhängt, kann jeder bzw. jede auch etwas dagegen tun. Auch zum Umgang mit Verschwörungsgläubigen liegen mittlerweile Empfehlungen vor. Diese präferieren eine Doppelstrategie: zum einen Aufklärung und die Vermittlung von Fakten und zum anderen die vorsichtige Annäherung an und die Thematisierung von dahinterliegenden Ängsten und Bedürfnissen, was einen respektvollen Umgang sowie entsprechende Kompetenzen voraussetzt. Grenzüberschreitungen sind klar zu benennen (▸ Kap. 9.).

Pädagogische Strategien sind nur ein Teil der gesellschaftlich notwendigen Auseinandersetzung mit Verschwörungsmythen und Verschwörungsgläubigkeit. Gefordert sind ebenso Beiträge von Politik, Justiz und Medien sowie auch von den Internetkonzernen, die mit entsprechenden Regelungen und Moderationen Hass und Hetze (Hatespeech) im digitalen Raum zurückdrängen und eine funktionierende, respektvolle Streitkultur fördern können. Gefragt ist aber auch die Zivilgesellschaft, die mit (digitaler) Zivilcourage helfen kann, demokratische Grundwerte zu verteidigen (Wachs et al., 2021a) (▸ Kap. 10). Auch wenn die Corona-Pandemie abklingen sollte, werden Misstrauen und Ablehnung gegenüber Politik, Staat, Medien und Wissenschaft bei vielen Menschen und damit die Anfälligkeit für Verschwörungserzählungen bleiben.

Ob die Corona-Pandemie – in welcher Richtung auch immer – zu einer Zäsur oder einer »Epochenwende« (Herfried Münkler) werden kann, ist eine offene Frage. Ebenso, ob das »Gift der Ungleichheit« (Dierk Hirschel) die soziale Spaltung – durch die Krise noch forciert – weiter vertieft und die Gesellschaft auseinandertreibt und damit sowohl die Demokratie als auch die natürlichen Lebensgrundlagen gefährdet. Oder ob die Erfahrungen der Corona-Pandemie vielleicht zu einer »Neuen Aufklärung« genutzt werden können, wie vom Philosophen Markus Gabriel gefordert. Mit »Neuer Aufklärung« meint er einen Einsatz für Kooperation und Zukunft, um allen Menschen ein menschenwürdiges Leben und das Überleben zu ermöglichen. Das setzt allerdings eine kritische Selbstbefragung voraus, wer wir sind und wer wir in Zukunft sein wollen. Das heißt, »[...] dass wir uns fragen, was wir einander lediglich deswegen schulden, weil wir Menschen sind, unabhängig von Markern sozialer Identität wie Geschlecht, Religion, Beruf, Herkunft oder Nationalität« (Gabriel, 2021, S. 430). Auch der Sozialphilosoph Axel Honneth sieht in der Corona-Pandemie einen Anlass, die normativen Grundlagen unseres demokratischen Zusammenlebens zu überprüfen und von einem individualistisch geprägten Freiheitsbegriff Abstand zu nehmen und dem Gemeinwohl vor den individualistischen Interessen den Vorrang zu geben, womit demokratische Institutionen und Einstellungen gestärkt würden (Honneth, 2021).

Mit Blick auf den vorliegenden Band drängt sich abschließend die Frage auf, ob das Fehlen oder Vermeiden solcher Zukunftsdebatten eine Leerstelle hinterlassen hat, in die rückwärtsgewandte Verschwörungserzählungen hineinstoßen können – quasi als regressive Antwort auf dringliche Zukunftsfragen. Verschwörungsgläubigkeit ist damit letztlich auch Ausdruck der vom bekannten Philosophen Jürgen Habermas schon 1985 konstatierten »Erschöpfung utopischer Energien« (Habermas, 1985). Grund genug also, die Diskussion über neue, positive Zukunftserzählungen zu intensivieren.

Anhang

Begleitmaterialien zur Fortbildung

Selbsttest zum Verschwörungsglauben
(Nocun & Lamberty 2020, S. 12–15)

Aussage 1: *Die meisten Menschen erkennen nicht, in welchem Ausmaß unser Leben durch geheim ausgeheckte Verschwörungen bestimmt wird.*

* Stimme überhaupt nicht zu (1 Punkt)
* Stimme nicht zu (2 Punkte)
* Stimme teilweise nicht zu (3 Punkte)
* Teil, teils (4 Punkte)

- Stimme teilweise zu (5 Punkte)
- Stimme zu (6 Punkte)
- Stimme voll und ganz zu (7 Punkte)

Aussage 2: *Es gibt geheime Organisationen, die großen Einfluss auf politische Entscheidungen haben.*

- Stimme überhaupt nicht zu (1 Punkt)
- Stimme nicht zu (2 Punkte)
- Stimme teilweise nicht zu (3 Punkte)
- Teil, teils (4 Punkte)
- Stimme teilweise zu (5 Punkte)
- Stimme zu (6 Punkte)
- Stimme voll und ganz zu (7 Punkte)

Aussage 3: *Die verschiedenen in den Medien zirkulierenden Verschwörungs-erzählungen halte ich für ausgemachten Blödsinn.*

- Stimme überhaupt nicht zu (7 Punkte)
- Stimme nicht zu (6 Punkte)
- Stimme teilweise nicht zu (5 Punkte)
- Teil, teils (4 Punkte)
- Stimme teilweise zu (3 Punkte)
- Stimme zu (2 Punkte)
- Stimme voll und ganz zu (1 Punkt)

Aussage 4: *Es gibt keinen vernünftigen Grund, Regierungen, Geheimdiensten oder Medien zu misstrauen.*

- Stimme überhaupt nicht zu (7 Punkte)
- Stimme nicht zu (6 Punkte)
- Stimme teilweise nicht zu (5 Punkte)
- Teil, teils (4 Punkte)
- Stimme teilweise zu (3 Punkte)
- Stimme zu (2 Punkte)

* Stimme voll und ganz zu (1 Punkt)

Aussage 5: Politiker und andere Führungspersönlichkeiten sind nur Marionetten der dahinterstehenden Mächte.

* Stimme überhaupt nicht zu (1 Punkt)
* Stimme nicht zu (2 Punkte)
* Stimme teilweise nicht zu (3 Punkte)
* Teil, teils (4 Punkte)
* Stimme teilweise zu (5 Punkte)
* Stimme zu (6 Punkte)
* Stimme voll und ganz zu (7 Punkte)

FAQs Verschwörungsmythen
(Lösungsvorschläge Wiederholungsfragen)

Kap. 1: Was sind Verschwörungsmythen?

* Der Verschwörungsmythos ist ein abstraktes, geschlossenes Erzählkonstrukt (Weltbild), dessen zentrales Element das Wirken einer Verschwörergruppe oder -macht ist, deren Einfluss sich über lange Zeiträume und auf wichtige Ereignisse erstreckt. Verschwörungsmythen sind abstrakter als -erzählungen oder -theorien. Sie beschreiben im Gegensatz zur Verschwörungsmentalität inhaltliche Vorstellungen. Sie bilden den Kern von Verschwörungsideologien.
* Ankerpunkt einer Verschwörungserzählung ist ein merkwürdiges Ereignis, hinzukommen kommen Informationsflut, Narrationselemente, ein Wertbezug, die Interpretation von Kausalität und Absicht sowie der Hinweis auf Widersprüche.
* Grob lassen sich Verschwörungserzählungen in sechs inhaltliche Kategorien zusammenfassen: Antisemitismus, Rechtsextremismus, Antifeminismus, Klimakrise, Esoterik und Gesundheit.

Kap. 2: Woher kommen Verschwörungsmythen?

◆ Verschwörungsmythen lassen sich bis in die Antike zurückverfolgen.

◆ Verschwörungsmythen sind »stetig-dynamische« Elemente, die durch einschneidende historische Ereignisse und das jeweilige Medienökosystem geprägt werden.

◆ Viele aktuelle Verschwörungstheorien knüpfen an Ursprung und Zweck des Ausbruchs des Corona-Virus an, darunter insbesondere solche, die eine geplanten Ausbruch zum Zweck von Kontrolle durch z. B. erzwungene Impfungen unterstellen.

Kap. 3: Paranoide Menschen oder kranke Gesellschaft?

◆ Frage 1 lässt sich mit Hilfe der Tabelle beantworten:

Erklärungsansatz	Kurzcharakteristik
Bedürfnisorientierter Ansatz (Psychologie)	Verschwörungslaube soll menschliche Bedürfnisse nach Kontrolle, Sicherheit, Komplexitätsreduktion, Selbstwahrnehmung befriedigen
Vorbewusste Abwehr psychischer Konflikte (Psychoanalyse)	Verschwörungsglaube hilft, innerpsychische Konflikte, z. T. aus der Kindheit, abzuwehren
Instrumentellideologischer Ansatz (Politikwissenschaft)	Duales Weltbild (*In*-Group vs. *Out*-Group) dient der Kollektivbildung und Auflösung kognitiver Dissonanzen
Entsicherte Unübersichtlichkeit und autoritäre Versuchung (Soziologie)	Entsicherung gesellschaftlicher Prozesse durch Krisen; Unübersichtlichkeit in Form von Anomie und Orientierungslosigkeit, die für autoritäre Versuchungen anfällig machen
Sozialisationstheoretischer Ansatz (Soziologie)	Verschwörungsglaube als Form »produktiver Realitätsverarbeitung«, Nichtpassung zwischen gesellschaftlichen Anforderungen und Kompetenzen

Erklärungsansatz	Kurzcharakteristik
Internetorientierter Ansatz (Medienso-ziologie)	Internet als Nährboden und Treiber von Verschwörungs-mythen
Erfahrungsorientier-ter Ansatz (Pädagogik)	Lebensweltliche Erfahrungen von Kindern und Jugendlichen sind für Hinwendung bzw. Abwendung bzgl. Ideologieangeboten zentral

- Die neuen Medien bieten sowohl eine Vielzahl an schwer verifizierbaren Informationen als auch neue Vernetzungs- und Verstärkungsmöglichkeiten, welche die Verbreitung und Entwicklung von Narrativen beschleunigt.
- Die Komplexität der Thematik erfordert interdisziplinäre Erklärungsansätze. Es handelt sich nicht um ein typisches Jugendphänomen. Biografische Erfahrungen und der Kontext aller Sozialisationsinstanzen spielen eine entscheidende Rolle bei der Suche nach wirksamen Präventionsansätzen.

Kap. 4: Verschwörungen überall?

- Junge Menschen sind durch ihre geringeren Bewältigungsstrategien für schwierige Lebenssituationen und die unter Umständen mangelnde Reife tendenziell anfälliger.
- Es gibt eine Reihe von Faktoren, die je nach disziplinärer Perspektive für die Vulnerabilität gegenüber Verschwörungserzählungen relevant sind. Zu den externen Faktoren zählen Einflüsse aus dem sozialen Umfeld wie etwa der Familie, interne Faktoren stellen eher auf den Einfluss von persönlichen Bewältigungs- und Perspektivfähigkeiten ab.
- Die Prävention kann nicht nur als verallgemeinerte Informationsvermittlung erfolgen, sondern erfordert zielgerichtete, ursachenbezogene Methodik. Bildung allein ist keine ausreichende Prävention.

Kap. 5: Rechts, links oder geradeaus?

* Verschwörungsmythen sind integral für rechtsextreme Wahrnehmungen, sie dienen der Kollektivbildung, der Rechtfertigung eigener Gewalt und zum Schließen logischer Lücken in der eigenen Realitätsferne.
* Die Unterschiede sind eher schwammig und im Kontext der »Querfrontstrategie« eher in den narrativen Ausgangspunkten zu sehen. Eine »linke« Verschwörungstheorie mag ihren Ausgangspunkt an der Kritik von Geschäftsmodellen von Investmentbanken nehmen, endet mitunter aber in jenen antisemitischen Klischees, die sich nahtlos in ein rechtsextremes Bild einfügen.
* Legitime Kritik hat stets Platz für neue Erkenntnisse, erlaubt Nuancen und verzichtet bestmöglich auf Pauschalisierungen, der zu kritisierende Sachverhalt wird nicht dekontextualisiert und die Kritik an (vermeintlich) Verantwortlichen überschreitet nicht den Rahmen geltender Gesetze.

»Klassiker« der Verschwörungsmythen (WDR et al., 2020)

Verschwörungs-ideologie	Erläuterung
Corona	So schnell, wie sich das Virus verbreitete, so schnell tauchten auch Verschwörungserzählungen zu seiner Herkunft und Gefährlichkeit auf. Multiplikator:innen waren auch zahlreiche Prominente. Anhänger:innen glauben daran, dass es das Virus nicht gibt, dass es ein Vorwand ist, um die Bevölkerung zu kontrollieren und/oder das Bill Gates für die Pandemie verantwortlich ist und alle Menschen zwangsimpfen will, um die Macht über sie zu erlangen.
Klimakrise	Der Klimawandel sei nicht real und/oder menschengemacht und daher auch nicht gefährlich. Wissenschaftler:innen hätten ihn aus politische-ökonomischen Interessen heraus erfunden, um

Verschwörungs-ideologie	Erläuterung
	mittels Forschungsgeldern weltweit den Sozialismus einführen zu können.
Impflüge	Der britische Arzt Andrew Wakefield führte 1998 eine Studie an 12 Kindern durch, bei der er festgestellt haben wollte, dass Impfungen Autismus auslösen. Schon lange ist diese Behauptung widerlegt und die Studie wurde 2010 zurückgezogen. Dennoch hält sich der Glaube, dass Impfungen gesundheitsschädlich seien, hartnäckig und spielt auch in der Corona-Pandemie eine Rolle, denn die Impfskeptik in der Bevölkerung ist hoch, auch gegenüber der Masernimpfung. Die WHO schätzt Impfskeptiker:innen inzwischen sogar als globale Bedrohung ein.
5G-Strahlung	Anhänger:innen dieser Verschwörungserzählung glauben, dass 5G-Strahlung Krankheiten (Krebs u. a.) verursache, tödlich sei, Menschen manipuliere und/oder die Gedankenkontrolle ermögliche. Außerdem sei 5G-Strahlung schuld am Ausbruch der Corona-Pandemie, weshalb in zahlreichen Ländern Mobilfunkmasten angezündet wurden, auch in Ländern, die gar nicht über 5G verfügen – dies lässt die Anhänger:innen jedoch nicht an der Plausibilität der Erzählung zweifeln.
Chemtrails	Die von Wasserdampf verursachten Abgase von Flugzeugen – Kondensstreifen – sei in Wahrheit Gift, das die Regierung versprühe, um wahlweise über die Klima-, Gedanken- oder Bevölkerungskontrolle zu verfügen. Auch hier haben als mächtig empfundene Personen wie Angela Merkel, Geschäftsleute oder Staatsoberhäupter ein Interesse daran. Inzwischen ist daraus ein sehr lukratives Geschäft geworden, denn als Schutz gegen die angeblich versprühten Substanzen sollen Globuli, Nahrungsergänzungsmittel oder sogenannte »Cloudbuster« (rohr- oder pyramidenförmige Gegenstände) helfen. Auch Aluhüte können davor schützen.
Pizzagate	Ausgangspunkt dieser Verschwörungserzählung sind gehackte und veröffentlichte E-Mails zwischen Hilary Clinton und Donald Trump im US-Präsidentschaftswahlkampf 2016. Darunter war in eine der E-Mails von »cheese pizza« die Rede, woraufhin Clinton unterstellt wurde, dass dies ein Code für Kinderpornografie sei

189

Verschwörungs-ideologie	Erläuterung
	und sie angeblich organisierte Kinderschändung in einer Washingtoner Pizzeria betreiben würde. In den sozialen Netzwerken ging dieses Gerücht viral und mobilisierte einen Rechtsextremisten, der schwer bewaffnet eine Pizzeria stürmte, um die angeblich im Keller gefangen gehaltenen Kinder zu befreien. Weder den Keller noch Kinder gab es. Glücklicherweise erkannte dies auch der Täter, lies von seiner Tat ab, kam aber für mehrere Jahre in Haft.
QAnon	Aus der rechtsextremen Verschwörungserzählung »Pizzagate« entwickelte sich die QAnon-Bewegung, die besonders einflussreichen Prominenten unterstellt, sie würden systematisch Kinder gefangen halten, missbrauchen und aus ihrem Blut Adrenochrom, eine Art Verjüngungselexier, synthetisieren. Damit würden sie die heimliche Herrschaft über die USA erlangen wollen. Bisher ist nicht bekannt, wer sich hinter dem Initiator »Q« verbirgt. Fakt ist jedoch, dass diese Bewegung einflussreiche Unterstützer:innen Donald Trumps sind und inzwischen weltweit Anhänger:innen haben. Auch bei den Demonstrationen gegen die Corona-Schutzmaßnahmen in Deutschland traten sie auf.
Bill Gates	Bill Gates wird aufgrund seines Einflusses, seiner Macht und seiner Prominenz für so ziemlich alles verantwortlich gemacht. Ihm wird unterstellt, er hätte die Corona-Pandemie verursacht, das Virus absichtlich erfunden, um Zwangsimpfungen mittels eigens produziertem Impfstoff durchzusetzen. In diesem Impfstoff sollen angeblich Microchips enthalten sein und mit 5G wolle er die Menschheit kontrollieren, um die Weltherrschaft für sich zu beanspruchen. Kurzum: Bill Gates sei der Teufel und Sündenbock für alles Böse.
Flache Erde	Auch heute glauben manche Menschen noch bzw. wieder, dass die Erde eine Scheibe sei und diskutieren dazu in der »Flat Earth Society« diverser Internetforen. Der britische Autor Samuel Rowbotham beschrieb dies in seinem Pamphlet und begründete es damit, dass die Kugelform der Erde so nicht in der Bibel stehe und demnach nicht stimmen könne. Dass diese Überzeugung gefährlich ist, zeigt der Versuch eines Amerikaners, der sich –

Verschwörungs-ideologie	Erläuterung
	um dies zu beweisen – mit einer selbstgebauten Rakete ins All schießen wollte, jedoch abstürzte und dabei ums Leben kam.
Inszenierung der Mondlandung	Angeblich wurde die Mondlandung 1969 von der US-Raumfahrtbehörde NASA in einem Filmstudio inszeniert und habe nie stattgefunden. Motiv für diese Behauptung ist die Aussage des damaligen US-Präsidenten J.F. Kennedy, der schon 1961 von der Mondlandung gesprochen hat und die NASA unter Druck gesetzt haben soll.
11. September 2001	Die Anschläge auf das World Trade Center seien nicht von der Terrororganisation al Qaida, sondern vom amerikanischen Geheidienst CIA verübt worden, um den Einmarsch in Afghanistan und den Irak zu rechtfertigen. Sogenannte »Truther« behaupten auch, hinter den Anschlägen würden globale Finanzeliten stecken, wie die Bankiersfamilie Rothschild, die die (jüdische) Weltherrschaft an sich reißen wolle. Andere wiederum behaupten, es hätte gar keine Flugzeuge gegeben, sondern die Türme seien gezielt gesprengt worden.
Reptiloide Echsenmenschen	Zurückzuführen ist diese Verschwörungserzählung auf die Science-Fiction-Saga des britischen Autors David Icke, der durch antisemitische und rechtsextreme Äußerungen hervortrat. In Wahrheit würde die Menschheit von Reptiloiden regiert werden, die sich als Menschen tarnen und zum Beispiel in Gestalt von Angela Merkel, Hilary Clinton oder Mark Zuckerberg auftreten. Sie würden die Regierung unterwandern, Genexperimente an Menschen durchführen und Kinder missbrauchen. Als angebliche »Beweise« werden Fotos herangezogen, auf denen diese Personen mit Schlitzaugen (reptilienartig) abgebildet werden.
Gestohlene Wahlen	Angeblich seien die Ergebnisse der US-Wahlen zu Ungunsten Donald Trumps manipuliert worden, was unter anderem auch zum Sturm auf das US-Kapitol geführt hat. Dies ist ein beliebtes Motiv von Rechtsextremist:innen, das auch in Deutschland und weltweit gern als Erklärung für Wahlniederlagen herangezogen wird und Gewalt gegen die Kontrahent:innen rechtfertigt.

Weiterführende Links

Ressource	Link
Amadeu Antonio Stiftung: Projekt »No World Order – Handeln gegen Verschwörungsideologien«	https://www.amadeu-antonio-stiftung.de/projekte/no-world-order/
Beratungsstelle für Betroffene rechter, rassistischer und antisemitischer Gewalt	www.verband-brg.de/ueber-uns/#mitglieder
Bundeszentrale für politische Bildung: Spezial zum Thema »Verschwörungstheorien«	www.bpb.de/lernen/digitale-bildung/medienpaedagogik/270188/verschwoerungstheorien
Der goldene Aluhut	https://dergoldenealuhut.de/
Bayrischer Rundfunk: Fake News im Netz erkennen	https://www.br.de/sogehtmedien/stimmt-das/luegen-erkennen/unterrichtsmaterial-un-wahrheiten-luegen-erkennen-100.html
HateAid	https://hateaid.org/
Infodemie in Europa	https://covidinfodemiceurope.com/
Klicksafe-Sammlung	www.klicksafe.de/verschwoerungstheorien
Landesmedienzentrum Baden-Württemberg: Wie kann man auf Verschwörungstheorien reagieren	https://www.lmz-bw.de/medien-und-bildung/jugendmedienschutz/verschwoerungstheorien/wie-kann-man-auf-verschwoerungstheorien-reagieren/
Landeszentrale für politische Bildung Baden-Württemberg: Verschwörungstheorien	https://www.lpb-bw.de/verschwoerungstheorien

Ressource	Link
Mobile Beratungen gegen Rechtsextremismus	www.bundesverband-mobile-beratung.de/
Selbsttest Medienkompetenz	https://der-newstest.de/
Europäische Kommission: So erkennt man Verschwörungstheorien	https://ec.europa.eu/info/live-work-travel-eu/ coronavirus-response/fighting-disinformation/ identifying-conspiracy-theories_de
Spiel zum Erkennen von Fake News	www.getbadnews.de
Netzpolitik: Wenn Eltern plötzlich an Verschwörungstheorien glauben	https://netzpolitik.org/2020/wenn-die-eltern- ploetzlich-an-verschwoerungstheorien-glauben-cor ona-pandemie/
YouTube Data Viewer	https://citizenevidence.amnestyusa.org/

Literaturverzeichnis

Achour, S. & Wagner, S. (2019). »Wer hat, dem wird gegeben.« Politische Bildung an Schulen. http://library.fes.de/pdf-files/studienfoerderung/15466.pdf

Albert, M., Hurrelmann, K. & Quenzel, G. (2019). Jugend 2019 – 18. Shell Jugendstudie: Eine Generation meldet sich zu Wort. Beltz. https://opus4.kobv.de/opus4-hsog/frontdoor/index/index/docId/3297

Altrichter, H. (2010). Lehrerfortbildung im Kontext von Veränderungen im Schulwesen. In F. H. Müller, A. Eichenberger, M. Lüders & J. Mayr (Hrsg.), Lehrerinnen und Lehrer lernen. Konzepte und Befunde zur Lehrerfortbildung (S. 17–34). Münster: Waxmann Verlag. https://books.google.de/books?id=9Jvm4T4u1n8C&printsec=frontcover&hl=de&source=gbs_ge_summary_r&cad=0#v=onepage&q&f=false

Amadeu Antonio Stiftung (2015). No world order. No world order. https://www.amadeu-antonio-stiftung.de/projekte/no-world-order/

Amadeu Antonio Stiftung (2020). *Wissen, was wirklich gespielt wird … Krise, Corona, Verschwörungserzählungen.* Berlin: Amadeu Antonio Stiftung. https://nbn-resolving.org/urn:nbn:de:101:1-2021011515465016229876

Amann, M. (2018). *Jürgen Elsässer, der Chefideologe der Neuen Rechten.* SPIEGEL Politik. https://www.spiegel.de/spiegel/juergen-elsaesser-der-chefideologe-der-neuen-rechten-a-1187601.html

Amarasingam, A. & Argentino, M.-A. (2020). *The QAnon Conspiracy Theory: A Security Threat in the Making?* Combating Terrorism Center at West Point. https://ctc.usma.edu/the-qanon-conspiracy-theory-a-security-threat-in-the-making/

Baier, D. & Manzoni, P. (2020). Verschwörungsmentalität und Extremismus – Befunde aus Befragungsstudien in der Schweiz: *Monatsschrift für Kriminologie und Strafrechtsreform, 103* (2), 83–96. https://doi.org/10.1515/mks-2020-2044

Barkun, M. (2006). *A Culture of Conspiracy: Apocalyptic Visions in Contemporary America.* Berkeley: University of California Press.

Barrett, A. A. (2020). *Rome Is Burning: Nero and the Fire that Ended a Dynasty.* Princeton: Princeton Univers. Press.

Bartoschek, S. (2017). *Bekanntheit von und Zustimmung zu Verschwörungstheorien – Eine empirische Grundlagenarbeit* (3. Auflage). Hannover: JMB Verlag.

Berlin Ramer Institute. (2017). *Salafismus und Antisemitismus an Berliner Schulen – Erfahrungsberichte aus dem Schulalltag – Eine Dokumentation im Auftrag des American Jewish Committee Berlin* [Dokumentation]. Berlin Ramer Institute. https://ajcgermany.org/system/files/document/AJC%20Berlin_Salafismus%20und%20Antisemitismus%20an%20Berliner%20Schulen_DE.pdf

Bredow, B., dpa & AFP. (2019). *Christchurch-Attentäter interessierte sich für rechtsextreme Bundeswehr-Soldaten.* https://www.spiegel.de/politik/ausland/neuseeland-attentaeter-interessierte-sich-fuer-rechtsextreme-bundeswehr-soldaten-a-1258193.html

Brodnig, I. (2021). *Einspruch!: Verschwörungsmythen und Fake News kontern – In der Familie, im Freundeskreis und online.* Brandstätter Verlag.

Bundesministerium für Familie, Senioren, Frauen und Jugend. (2021). *Zweites Gesetz zur Änderung des Jugendschutzgesetzes.* https://www.bmfsfj.de/bmfsfj/service/gesetze/zweites-gesetz-zur-aenderung-des-jugendschutzgesetzes-147956

Butter, M. (2018). *»Nichts ist, wie es scheint«: Über Verschwörungstheorien* (4. Auflage). Berlin: Suhrkamp Verlag.

Butter, M. (2019). *Die Methode Ganser.* Republik. https://www.republik.ch/2019/04/13/die-methode-ganser

Coady, D. (2003). Conspiracy Theories and Official Stories. *International Journal of Applied Philosophy, 17* (2), 197–209. https://doi.org/10.5840/ijap200317210

Craft, S., Ashley, S. & Maksl, A. (2017). News media literacy and conspiracy theory endorsement. *Communication and the Public, 2* (4), 388–401. https://doi.org/10.1177/2057047317725539

Cremer, H. (2019). Das Neutralitätsgebot in der Bildung. *Deutsches Institut für Menschenrechte.* https://www.institut-fuer-menschenrechte.de/fileadmin/user_upload/Publikationen/ANALYSE/Analyse_Das_Neutralitaetsgebot_in_der_Bildung.pdf

Cubitt, G. (2006). Robespierre and Conspiracy Theories. In C. Haydon & W. Doyle (Hrsg.), *Robespierre and Conspiracy Theories* (Revised ed. Edition) (S. 75–91). Cambridge: Cambridge University Press.

Decker, O., Brähler, E., Dischereit, C., Handke, B., Heller, A., Hellweg, N., Höcker, C., Kiess, J., Lang, J., Lierke, L., Perinelli, M., Pickel, G., Pickel, S., Reimer-Gordinskaya, K., Schließler, C., Schmidt, A., Schuler, J., Yendell, A. & Celik, K. (2020). *Autoritäre Dynamiken: Alte Ressentiments – neue Radikalität : Leipziger Autoritarismus Studie 2020* (O. Decker & E. Brähler, Hrsg.). Gießen: Psychosozial-Verlag. https://www.boell.de/sites/default/files/2020-11/Decker-Braehler-2020-Autoritaere-Dynamiken-Leipziger-Autoritarismus-Studie.pdf?dimension1=ds_leipziger_studie

Dippelhofer, S., Feyerer, J. & Mußmann, J. (2018). *Gesellschafts- und berufsbezogene Werthaltungen von Lehramtsstudierenden. Empirische Befunde aus einer standardisierten schriftlichen Befragung an pädagogischen Hochschulen in Baden-Württemberg, Österreich und Ostbelgien.* Linz: Max-Träger-Stiftung.

Evans, G. (2019). *White Nationalists are Trying to Blame Migrants for Climate Change.* Indy100. https://www.indy100.com/news/white-nationalists-climate-change-global-warming-blame-migrants-9076566

Facebook. (2019). Standing Against Hate. *About Facebook.* https://about.fb.com/news/2019/03/standing-against-hate/

Facione, P. A. (1990). *Critical Thinking: A Statement of Expert Consensus for Purposes of Educational Assessment and Instruction. Research Findings and Recommendations.* Newark: American Philosophical Association. https://eric.ed.gov/?id=ED315423

Feierabend, S., Plankenhorn, T. & Rathgeb, T. (2014). *JIM-Studie 2014.* Stuttgart: Medienpädagogischer Forschungsverbund Südwest. https://www.mpfs.de/fileadmin/files/Studien/JIM/2014/JIM_Studie_2014.pdf

Feierabend, S., Rathgeb, T., Kheredmand, H. & Glöckler, S. (2020). *JIM-Studie 2020 – Jugend, Information, Medien.* Stuttgart: Medienpädagogischer Forschungsverbund Südwest. https://www.mpfs.de/fileadmin/files/Studien/JIM/2020/JIM-Studie-2020_Web_final.pdf

Fend, H. (2007). *Schule gestalten: Systemsteuerung, Schulentwicklung und Unterrichtsqualität.* Wiesbaden: VS Verlag für Sozialwissenschaften.

forsa Politik- und Sozialforschung GmbH. (2021). *Gewalt gegen Lehrkräfte im Zusammenhang mit der Durchsetzung von Corona-Schutzmaßnahmen an der Schule – Ergebnisse einer bundesweiten Repräsentativbefragung von Lehrerinnen und Lehrern.* https://www.vbe.de/fileadmin/user_upload/VBE/Service/Meinungsumfragen/2021-05-05_forsa_Bericht_Gewalt-Corona_Bund.pdf

Frankfurter, D. (2003). The Satanic Ritual Abuse Panic as Religious-Studies-Data. *Numen, 50* (1), 108–117. https://doi.org/10.1163/156852703321103265

Frenschkowski, M. (2007). *Die Geheimbünde: Eine kulturgeschichtliche Analyse* (5. Auflage). Wiesbaden: marix Verlag ein Imprint von Verlagshaus Römerweg.

Friedrich Naumann Stiftung. (2020). *Umfrage Desinformation* [Umfrage]. Potsdam: Friedrich Naumann Stiftung. https://www.freiheit.org/sites/default/files/2020-07/umfrage_desinformation_naumann-stiftung.pdf

Gabriel, M. (2021). Für eine Neue Aufklärung. In *Corona. Pandemie und Krise* (S. 428–431). Berlin: Bundeszentrale für politische Bildung. https://www.bpb.de/shop/buecher/schriftenreihe/politische-grundfragen/331371/corona-pandemie-und-krise

Geffken, L., Ittner, M., Künne, M. & Winkler, B. (2020). *Umgang mit Verschwörungsideologien im Unterricht und in der Schule* (Amadeu Antonio Stiftung, Hrsg.). Berlin: .Amadeo Antonio Stiftung. https://www.amadeu-antonio-stiftung.de/wp-content/uploads/2021/04/Broschuere_VI_Schule_2021.pdf

Geschke, D., Klaßen, A., Quent, M. & Richter, C. (2019). *#HASS IM NETZ: Der schleichende Angriff auf unsere Demokratie – Eine bundesweite repräsentative Untersuchung* (S. 81) [Forschungsbericht]. Jena: Institut für Demokratie und Zivilgesellschaft. https://blog.campact.de/wp-content/uploads/2019/07/Hass_im_Netz-Der-schleichende-Angriff.pdf

Gess, N. (2021). *Halbwahrheiten: Zur Manipulation von Wirklichkeit.* Berlin: Matthes & Seitz.

Gesterkamp, T. (2018). *Grüne Impfgegner und Angela Merkel.* Neues Deutschland. https://www.neues-deutschland.de/artikel/1082122.verschwoerungstheorien-gruene-impfgegner-und-angela-merkel.html

Giese, A. (1784). *Journal für Freymaurer: Als Manuskript gedruckt für Brüder und Meister des Ordens* (Bd. 3). Oapen: Akademische Druck- u. Verlagsanstalt. https://books.google.cz/books?id=xtu3AAAAIAAJ&printsec=frontcover&hl=de&source=gbs_ge_summary_r&cad=0#v=onepage&q&f=false

Glaser, M., Langner, J. & Schuhmacher, N. (2017). Pädagogische Handlungsansätze zur Deradikalisierung im Arbeitsfeld des religiös begründeten Extremismus. In K. Möller & F. Neuscheler (Hrsg.), *»Wer will die hier schon haben?«: Ablehnungshaltungen und Diskriminierung in Deutschland* (S. 224–239). Stuttgart: W. Kohlhammer

Goertz, S. (2021). »Corona-Proteste« und der Einfluss von Extremisten. *forum kriminalprävention, 2/2021,* 5.

Goertzel, T. (1994). Belief in Conspiracy Theories. *Political Psychology, 15,* 731–742. https://doi.org/10.2307/3791630

Götschenberg, M. (2021). *Verfassungsschutz beobachtet Teile der »Querdenker«-Bewegung.* tagesschau.de. https://www.tagesschau.de/inland/verfassungsschutz-querdenker-103.html

Griffin, R. (2013). *The Nature of Fascism.* London: Routledge.

Habermas, J. (1985). Die Neue Unübersichtlichkeit. Die Krise des Wohlfahrtsstaates und die Erschöpfung utopischer Energien. *Merkur – Deutsche Zeitschrift für europäisches Denken, 431,* 1–14.

Hartfiel, G. & Hillmann, K.-H. (1982). *Wörterbuch der Soziologie* (3. Auflage). Stuttgart: Alfred Kröner Verlag.

Hecht, D. (2003). *Conspiracy Theories in American History: An Encyclopedia* (P. Knight, Hrsg.). ABC-CLIO. http://1.droppdf.com/files/tbNJP/encyclopedia-of-conspiracy-theories-in-american-history.pdf

Heitmeyer, W. (2018). *Autoritäre Versuchungen: Signaturen der Bedrohung 1.* Berlin: Suhrkamp Verlag.

Heitmeyer, W., Freiheit, M. & Sitzer, P. (2020). *Rechte Bedrohungsallianzen: Signaturen der Bedrohung II.* Berlin: Suhrkamp Verlag.

Himmelrath, A. (2021). *Medienkompetenz: Studie zeigt »tiefe Informationskluft« bei Jugendlichen.* SPIEGEL Panorama. https://www.spiegel.de/panorama/bildung/medienkompetenz-studie-zeigt-tiefe-informationskluft-bei-jugendlichen-a-102a3deb-92be-4f57-a7bd-96cad66e5c37

Honneth, A. (2021). Corona-Krise: Wünsche für eine bessere Zukunft. *Die Zeit.* https://www.zeit.de/2021/21/corona-krise-chance-zusammenhalt-freiheit-gesundheitswesen

Huber, J. (2011). *Ken Jebsen: Kündigung rechtswidrig.* Der Tagesspiegel. https://www.tagesspiegel.de/gesellschaft/medien/arbeitsgericht-potsdam-muss-entscheiden-ken-jebsen-kuendigung-rechtswidrig/5985758.html

Huesmann, F. (2021). *»Compact-Magazin«: Das rechte Geschäft mit der Angst* [Nachrichten]. Redaktionsnetzwerk Deutschland. https://www.rnd.de/politik/compact-magazin-das-rechte-geschaeft-mit-der-angst-G3YMYFVFCFG6DJ5HBB5BKUOZUY.html

Hurrelmann, K. (2012). *Sozialisation: Das Modell der produktiven Realitätsverarbeitung.* Weinheim: Beltz.

Imhoff, R. & Lamberty, P. (2018). How Paranoid are Conspiracy Believers? Toward a more Fine-grained Understanding of the Connect and Disconnect between Paranoia and Belief in Conspiracy Theories. *European Journal of Social Psychology, 48* (7), 909–926. https://doi.org/10.1002/ejsp.2494

Isenberg, M. (2020). *HATE SPEECH – Zentrale Untersuchungsergebnisse der aktuellen forsa-Studie 2020* [Studie]. Düsseldorf: Landesanstalt für Medien NRW. https://www.medienanstalt-nrw.de/fileadmin/user_upload/NeueWebsite_0120/Themen/Hass/forsa_LFMNRW_Hassrede2020_Praesentation.pdf

Jank, W. & Meyer, H. (2002). *Praxisbuch Meyer: Didaktische Modelle – Buch mit didaktischer Landkarte* (14. Auflage). Berlin: Cornelsen Pädagogik.

Jaschke, H.-G. (2001). *Rechtsextremismus und Fremdenfeindlichkeit. Begriffe, Positionen, Praxisfelder* (2. Auflage). Wiesbaden: VS Verlag für Sozialwissenschaften.

Keeley, B. L. (1999). Of Conspiracy Theories. *The Journal of Philosophy, 96* (3), 109–126. https://doi.org/10.2307/2564659

Klafki, W. (2007). *Neue Studien zur Bildungstheorie und Didaktik: Zeitgemäße Allgemeinbildung und kritisch-konstruktive Didaktik* (6. Auflage). Weinheim: Beltz.

klicksafe, E. U. (2021). *Verschwörungstheorien.* klicksafe. https://www.klicksafe.de/themen/problematische-inhalte/verschwoerungstheorien/

KMK. (2018). *Demokratie als Ziel, Gegenstand und Praxis historisch-politischer Bildung und Erziehung in der Schule* [Beschluss]. Kultusministerkonferenz. https://www.kmk.org/fileadmin/Dateien/veroeffentlichungen_beschluesse/2009/2009_03_06-Staerkung_Demokratieerziehung.pdf

Koch, O. & Blöser, M. (2021). *Verschwörungsideologien: Definitionen – Hintergründe – Praxistipps* (Zentrum Ökumene der EKHN und der EKKW, Hrsg.). Idstein: meinhardt Verlag und Agentur.

Kommission für Jugendmedienschutz. (2021). *Schwerpunktanalyse 2020: »Alternative Medien und Influencer als Multiplikatoren von Hass, Desinformation und Verschwörungstheorien«.* https://www.kjm-online.de/fileadmin/user_upload/KJM/Publikationen/Studien_Gutachten/Schwerpunktanalyse_2020_Alternative_Medien_Ergebnisse.pdf

Küpper, B. & Möller, K. (2014). Rechtsextremismus und 'Gruppenbezogene Menschenfeindlichkeit' – Terminologische Ausgangspunkte, empirische Befunde und Erklärungsansätze. In S. Baer, K. Möller & P. Wiechmann (Hrsg.), *Verantwortlich Handeln: Praxis der Sozialen Arbeit mit rechtsextrem orientierten und gefährdeten Jugendlichen* (S. 15–46). Opladen: Verlag Barbara Budrich.

Lamberty, P. (2020). *Verschwörungserzählungen*. Berlin: Bundeszentrale für politische Bildung. https://www.bpb.de/izpb/318157/verschwoerungserzaehlungen

Lamberty, P. & Rees, J. (2019). Mitreißende Wahrheiten: Verschwörungsmythen als Gefahr für den gesellschaftlichen Zusammenhalt. In A. Zick, B. Küpper & W. Berghan (Hrsg.), *Verlorene Mitte – Feindselige Zustände: Rechtsextreme Einstellungen in Deutschland 2018/19* (S. 203–222). Bonn: Dietz, J H. https://www.researchgate.net/publication/346401518_Mitreissende_Wahrheiten_Verschworungsmythen_als_Gefahr_fur_den_gesellschaftlichen_Zusammenhalt

Latané, B. & Darley, J. M. (1970). *The Unresponsive Bystander: Why Doesn't he Help?* New York: Appleton-Century Crofts.

Leber, S. & Lamberty, P. (2021). *Die lausige Trefferquote der Verschwörungsideologen*. Tagesspiegel. https://www.tagesspiegel.de/themen/reportage/falsche-prognosen-am-laufenden-band-die-lausige-trefferquote-der-verschwoerungsideologen/26822244.html

Leppin, J., Kwasniewsky, N., AFP, dpa & Reuters. (2021). *Donald Trump: Twitter sperrt Account von US-Präsident dauerhaft*. SPIEGEL Netzwelt. https://www.spiegel.de/netzwelt/twitter-sperrt-account-von-donald-trump-dauerhaft-a-dddf8e38-869c-4c4a-a3ae-86a313edba93

Lewandowsky, S., Gignac, G. E. & Oberauer, K. (2013). The Role of Conspiracist Ideation and Worldviews in Predicting Rejection of Science. *PLOS ONE, 8* (10), e75637. https://doi.org/10.1371/journal.pone.0075637

Lüders, C. (2021). *16. Kinder- und Jugendbericht – Förderung demokratischer Bildung im Kindes- und Jugendalter*. Bundesministerium für Familie, Senioren, Frauen und Jugend. https://www.bmfsfj.de/resource/blob/162232/27ac76c3f5ca10b0e914700ee54060b2/16-kinder-und-jugendbericht-bundestagsdrucksache-data.pdf

Manavis, S. (2018). *Eco-Fascism: The Ideology Marrying Environmentalism and White Supremacy Thriving Online*. https://www.newstatesman.com/science-tech/social-media/2018/09/eco-fascism-ideology-marrying-environmentalism-and-white-supremacy

May, M. & Heinrich, G. (2020). *Rechtsextremismus pädagogisch begegnen: Handlungswissen für die Schule* (F. Berger, W. Schubarth, & S. Wachs, Hrsg.). Stuttgart: W. Kohlhammer.

McKenzie-McHarg, A. (2018). Conspiracy Theory. The Nineteenth-Century Prehistory of a Twentieth-Century Concept. In J. E. Uscinski (Hrsg.), *Conspiracy Theories and the People Who Believe Them* (S. 62–86). Oxford: Oxford University Press. https://oxford.universitypressscholarship.com/view/10.1093/oso/9780190844073.001.0001/oso-9780190844073-chapter-4

Meßmer, A.-K., Sängerlaub, A. & Schulz, L. (2021). *»Quelle: Internet« – Digitale Nachrichten- und Informationskompetenzen der deutschen Bevölkerung im Test* [Studie]. Berlin: Stiftung Neue Verantwortung. https://www.stiftung-nv.de/sites/default/files/studie_quelleinternet.pdf

Möller, K. (2017). KISSeS für Jugendliche – Erfahrungen aus der aufsuchenden, akzeptierenden Jugendarbeit im Hinblick auf den Abbau von pauschalisierenden Ablehnungskonstruktionen. In K. Möller & F. Neuscheler (Hrsg.), *»Wer will die hier schon haben?« – Ablehnungshaltungen und Diskriminierung in Deutschland* (S. 91–109). Stuttgart: Kohlhammer GmbH.

Müller, J.-W. & Müller, M. (2018). »Italien betreibt eine Fusion von Populismus und Technokratie«. *Neue Zürcher Zeitung.* https://www.nzz.ch/feuilleton/aufstieg-des-populismus-ist-eine-gegenreaktion-auf-die-verarmung-des-oeffentlichen-diskurses-ld.1379811

Nabers, D. & Stengel, F. (2017). *Trump und der Populismus* (Heinrich Böll Stiftung Baden-Württemberg, Hrsg.). Berlin: Heinrich Böll Stiftung. https://doi.org/10.13140/RG.2.2.15182.87365

Nachtwey, O., Schäfer, R. & Frei, N. (2020). *Politische Soziologie der Corona-Proteste* [Preprint]. Basel: SocArXiv. https://doi.org/10.31235/osf.io/zyp3f

Neitzel, S. (2008). *Deutsche Geschichte im 20. Jahrhundert 03. Weltkrieg und Revolution: 1914–1918/19.* Berlin: be.bra verlag.

Nocun, K. & Lamberty, P. (2020). *Fake Facts: Wie Verschwörungstheorien unser Denken bestimmen* (6. Auflage). Köln: Quadriga.

Nocun, K. & Lamberty, P. (2021). *True Facts: Was gegen Verschwörungserzählungen wirklich hilft* (2. Auflage). Köln: Quadriga.

Panta, P. (2020). *Die Verschwörungslüge: Wie die Politik jede Corona-Kritik durch gedungene Verschwörungstheoretiker unwirksam macht.* Hamburg: tredition.

Paus, I. & Börsch-Supan, J. (2020). *Die Jugend in der Infodemie – Eine repräsentative Befragung zum Umgang junger Menschen in Deutschland mit Falschnachrichten während der Coronakrise* [Studie]. Düsseldorf: Vodafone Stiftung Deutschland. https://www.vodafone-stiftung.de/wp-content/uploads/2020/12/Studie-Vodafone-Stiftung-Umgang-mit-Falschnachrichten.pdf

Paus, I. & Börsch-Supan, J. (2021a). *Generation Messenger – Eine repräsentative Befragung junger menschen zur Nutzung von Messengerdiensten* [Studie]. Düsseldorf: Vodafone Stiftung Deutschland. https://www.vodafone-stiftung.de/wp-content/uploads/2021/03/Studie_Vodafone-Stiftung_Generation-Messenger.pdf

Paus, I. & Börsch-Supan, J. (2021b). *Studie zu Messengerdiensten: Die Mehrheit junger Menschen wird in Chats mit Falschnachrichten, Mobbing oder Hassrede konfrontiert* [Studie]. Düsseldorf: Vodafone Stiftung Deutschland. https://www.vodafone-stiftung.de/wp-content/uploads/2021/03/PM_Vodafone-Stiftung_Studie_ Generation-Messenger.pdf

Pfahl-Traughber, A. (2020). *Der Einzeltäter im Terrorismus*. Berlin: Bundeszentrale für politische Bildung. https://www.bpb.de/politik/extremismus/rechts extremismus/304169/der-einzeltaeter-im-terrorismus

Pfister, J. (2020). *Kritisches Denken*. Stuttgart: Reclam, Philipp, jun. GmbH, Verlag.

Popper, K. R. (1992). *Die offene Gesellschaft und ihre Feinde Band 2: Falsche Propheten Hegel, Marx und die Folgen* (P. K. Feyerabend & K. Pähler, Übers.) (7. Auflage). Tübingen: Mohr Siebeck.

Pörksen, B. (2020). Journalismuskrise und Diskursverschiebung in Zeiten der Medienrevolution. In S. Russ-Mohl (Hrsg.), *Streitlust und Streitkunst (Schriften zur Rettung des öffentlichen Diskurses): Diskurs als Essenz der Demokratie* (S. 120– 135). Köln: Herbert von Halem Verlag.

Priester, K. (2012). *Wesensmerkmale des Populismus | APuZ*. bpb.de. https://www. bpb.de/apuz/75848/wesensmerkmale-des-populismus

Raab, M., Carbon, C.-C. & Muth, C. (2017). Der Verschwörungsbaukasten. In *Am Anfang war die Verschwörungstheorie* (S. 213–226). Berlin, Heidelberg: Springer. https://doi.org/10.1007/978-3-662-53883-8_11

Rademacher, H. (2021). *Konfliktkultur in der Schule entwickeln*. Stuttgart: W. Kohlhammer.

Rafael, S. (2021). Was wirkt gegen Hate Speech? – Erfahrungen aus über 10 Jahren zivilgesellschaftlicher Arbeit der Amadeu Antonio Stiftung. In A. Zick, B. Koch-Priewe & S. Wachs (Hrsg.), *Bewegungen: Beiträge zum 26. Kongress der Deutschen Gesellschaft für Erziehungswissenschaft* (S. 339–351). Wiesbaden: Springer.

Rohrbacher, S. & Schmidt, M. (1991). *Judenbilder. Kulturgeschichte antijüdischer Mythen und antisemitischer Vorurteile*. Reinbek bei Hamburg: Rowohlt.

Roose, J. (2020a). *Sie sind überall – Eine repräsentative Umfrage zu Verschwörungstheorien*. Berlin: Konrad-Adenauer-Stiftung. https://www.kas.de/documents/ 252038/7995358/Eine+repr%C3%A4sentative+Umfrage+zu+Verschw%C3%B6 rungstheorien.pdf/0f422364-9ff1-b058-9b02-617e15f8bbd8?version=1.0&t=1 599141843148

Roose, J. (2020b). *Verschwörung in der Krise – Repräsentative Umfragen zum Glauben an Verschwörungstheorien vor und in der Corona-Krise*. Berlin: Konrad-Adenauer-Stiftung. https://www.kas.de/documents/),252038/7995358/Verschw%C3% B6rung+in+der+Krise+%28PDF%29.pdf/7703c74e-acb9-3054-03c3-aa4d1a4f4f 6a?version=1.1&t=1608644973365

Rost, K., Stahel, L. & Frey, B. S. (2016). Digital Social Norm Enforcement: Online Firestorms in Social Media. *PLOS ONE, 11* (6), e0155923. https://doi. org/10.1371/journal.pone.0155923

Röther, C. & Blume, M. (2020). *Verschwörungsmythen – »Das Böse in uns selbst«*. Deutschlandfunk. https://www.deutschlandfunk.de/verschwoerungsmyth en-das-boese-in-uns-selbst.886.de.html?dram:article_id=481711

Russ-Mohl, S. (2020). Diskurs-Belebung. Tipps für Jedermann und Jedefrau, für Journalis-ten und Wissenschaftler. In *Streitlust und Streitkunst (Schriften zur Rettung des öffentlichen Diskurses): Diskurs als Essenz der Demokratie* (S. 449–463). Köln: Herbert von Halem Verlag.

Salzborn, S. (2019). Antisemitisches Verschwörungsdenken im Rechtsextremis-mus. In *Antisemitismus seit 9/11* (S. 149–164). Baden-Baden: Nomos Verlagsge-sellschaft mbH & Co. KG. https://doi.org/10.5771/9783845295855-149

Salzborn, S. (2020). *Rechtsextremismus: Erscheinungsformen und Erklärungsansätze* (4. Auflage). Baden-Baden: Nomos. https://www.amazon.de/Rechtsextremis mus-Erscheinungsformen-Erkl%C3%A4rungsans%C3%A4tze-Studienkurs-Poli tikwissenschaft/dp/3848767597/ref=sr_1_2?_mk_de_DE=%C3%85M%C3%85% C5%BD%95%C3%91&dchild=1&keywords=salzborn+rechtsextremismus& qid=1618076540&s=books&sr=1-2

Salzborn, S. & Kurth, A. (2019). *Antisemitismus in der Schule – Erkenntnisstand und Handlungsperspektiven – Wissenschaftliches Gutachten* [Gutachten]. Technische Universität Berlin, Justus-Liebig-Universität Gießen. https://www.tu-berlin. de/fileadmin/i65/Dokumente/Antisemitismus-Schule.pdf

Sälzer, C. (2021). *Lesen im 21. Jahrhundert – Lesekompetenzen in einer digitalen Welt. Deutschlandspezifische Ergebnisse des PISA-Berichts »21st-century readers«* (Studie https://doi.org/10.1787/a83d84cb-en). OECD. https://www.oecd.org/pisa/ PISA2018_Lesen_DEUTSCHLAND.pdf

Schedler, J. (2019). Rechtsextremismus, Rechtsradikalismus, Extreme Rechte, Rechtspopulismus, Neue Rechte? Eine notwendige Klärung für die politische Bildung. In J. Schedler, S. Achour, G. Elverich & A. Jordan (Hrsg.), *Rechtsex-tremismus in Schule, Unterricht und Lehrkräftebildung*. Wiesbaden: VS Verlag für Sozialwissenschaften. https://doi.org/10.1007/978-3-658-26423-9

Schlee, J. (2019). *Kollegiale Beratung und Supervision für pädagogische Berufe: Hilfe zur Selbsthilfe. Ein Arbeitsbuch* (4. Auflage). Stuttgart: W. Kohlhammer.

Schneider, H. & Gerold, M. (2018). *Demokratiebildung an Schulen – Analyse lehrerbezogener Einflussgrößen.* https://www.bertelsmann-stiftung.de/fileadmin/ files/Projekte/Jungbewegt/Lehrerbefragung_Demokratiebildung_final.pdf

Schroeder, W., Greef, S., Elsen, J. T. & Heller, L. (2020). Bedrängte Zivilgesellschaft von rechts. Interventionsversuche und Reaktionsmuster. *Ein Projekt der Otto Brenner Stiftung.* https://www.otto-brenner-stiftung.de/fileadmin/user_data/ stiftung/02_Wissenschaftsportal/03_Publikationen/AH102_Rechtspopulismus. pdf

Schröter, M. (2021). *Codetekt e.V. – Gemeinsam gegen Falschinformationen!* https://info.codetekt.org/

Schubarth, W. (2012). *Gewalt und Mobbing an Schulen: Möglichkeiten der Prävention und Intervention* (2., überarbeitete und ergänzte Edition). Stuttgart: W. Kohlhammer .

Schubarth, W. (2017). Lehrerbildung in Deutschland – Sieben Thesen zur Diskussion. In S. Mauermeister, A. Seidel & W. Schubarth (Hrsg.), *Studium nach Bologna: Befunde und Positionen* (Bd. 3, S. 127–136). Potsdam: Potsdamer Universitätsverlag. https://www.uni-potsdam.de/fileadmin/projects/zfq/Unikolleg/6_Studium_nach_Bologna_pbhsf03.pdf

Schubarth, W. (2019). Rechtsextremismus als Herausforderung für die Schule. In J. Schedler, S. Achour, G. Elverich & A. Jordan (Hrsg.), *Rechtsextremismus in Schule, Unterricht und Lehrkräftebildung* (S. 41–59). Wiesbaden: Springer VS. https://doi.org/10.1007/978-3-658-268-26423-9

Schubarth, W. (2020a). Mehr Demokratie wagen? Demokratiebildung in der (Corona)Krise. *Schulmanagement, 3/2020,* 8–11.

Schubarth, W. (2020b). *Gewalt und Mobbing an Schulen: Möglichkeiten der Prävention und Intervention* (4. Auflage). Stuttgart: Kohlhammer W.

Schubarth, W., Gruhne, C. & Zylla, B. (2017). *Werte machen Schule: Lernen für eine offene Gesellschaft* (Brennpunkt Schule). Stuttgart: W. Kohlhammer.

Schubarth, W., Niproschke, S., Ulbricht, J. & Wachs, S. (2019). Rechtsextremismus als Herausforderung für die Schule. In J. Schedler, S. Achour, G. Elverich & A. Jordan (Hrsg.), *Rechtsextremismus in Schule, Unterricht und Lehrkräftebildung* (S. 41–50). Wiesbaden: Springer Fachmedien. https://www.springerprofessional.de/rechtsextremismus-als-herausforderung-fuer-die-schule/17163014

Schubarth, W. & Stöss, R. (2001). Pädagogische Strategien gegen Rechtsextremismus und fremdenfeindliche Gewalt. Möglichkeiten und Grenzen schulischer und außerschulischer Prävention. In W. Schubarth & R. Stöss (Hrsg.), *Rechtsextremismus in der Bundesrepublik Deutschland: Eine Bilanz* (S. 249–270). Wiesbaden: VS Verlag für Sozialwissenschaften. https://doi.org/10.1007/978-3-322-97526 3

Schultz, T. (2020). In der Aufmerksamkeitsfalle. Über den medialen Umgang mit Rechtspopulisten und Rechtsextremisten. In S. Russ-Mohl (Hrsg.), *Streitlust und Streitkunst (Schriften zur Rettung des öffentlichen Diskurses): Diskurs als Essenz der Demokratie* (S. 250–277). Köln: Herbert von Halem Verlag.

Schwarz, K. (2020). *Hasskrieger: Der neue globale Rechtsextremismus.* Freiburg: Verlag Herder.

Siebertz-Reckzeh, K. & Hofmann, H. (2007). Sozialisationsinstanz Schule: Zwischen Erziehungsauftrag und Wissensvermittlung. In M. K. W. Schweer (Hrsg.),

Lehrer-Schüler-Interaktion: Inhaltsfelder, Forschungsperspektiven und Methodische Zugänge (2. Auflage) (S. 13–38). Wiesbaden: VS Verlag für Sozialwissenschaften.

Skudlarek, J. (2021). *Wahrheit und Verschwörung: Wie wir erkennen, was echt und wirklich ist.* Stuttgart: Reclam, Philipp, jun. GmbH, Verlag.

Spitzer, M. (2015). Verschwörungstheorien – ganz normal und doch ein Problem. *Nervenheilkunde, 34* (03), 195–202. https://doi.org/10.1055/s-0038-1627564

Starzmann, P. (2016). *Wie das »Compact«-Magazin antisemitische Klischees bedient.* vorwärts. https://www.vorwaerts.de/artikel/compact-magazin-antisemiti sche-klischees-bedient

Stefano, M. D. (2019). *YouTube Reinstated a Prominent European White Nationalist after he Appealed his Removal.* BuzzFeed. https://www.buzzfeed.com/markdistefa no/youtube-martin-sellner-ban-reinstated

Stegemann, P. & Musyal, S. (2020). *Die rechte Mobilmachung: Wie radikale Netzaktivisten die Demokratie angreifen* (2. Auflage). Berlin: Econ.

Stifterverband für die deutsche Wissenschaft e.V. (2020). *Tag der Bildung.* Tag der Bildung. https://www.tag-der-bildung.de/

Stöss, R. (2010). *Rechtsextremismus im Wandel* (N. Langenbacher, Hrsg.) (3., aktualisierte Neuauflage). Friedrich-Ebert-Stiftung, Forum Berlin. https:// library.fes.de/pdf-files/do/08223.pdf

Sturzbecher, D., Dusin, R., Kunze, T., Bredow, B. & Pöge, A. (2021). *Jugend in Brandenburg 2020 – Auswirkungen der Corona-Pandemie* (S. 1–11). Potsdam: Institut für angewandte Familien-, Kindheits- und Jugendforschung e.V. https://mbjs.brandenburg.de/media_fast/6288/corona-jugenstudie_2020.pdf

Tangherlini, T. R., Shahsavari, S., Shahbazi, B., Ebrahimzadeh, E. & Roychowdhury, V. (2020). An Automated Pipeline for the Discovery of Conspiracy and Conspiracy Theory Narrative Frameworks: Bridgegate, Pizzagate and Story-telling on the Web. *PLOS ONE, 15* (6), e0233879. https://doi.org/10.1371/ journal.pone.0233879

Ulbricht, J. (2019). *Gewalt und Mobbing an Schulen als Thema in der Lehrerausbildung: Eine empirische Bestandsaufnahme.* Berlin: wvb Wissenschaftlicher Verlag Berlin.

van Prooijen, J.-W. (2016). Sometimes Inclusion Breeds Suspicion: Self-Uncer-tainty and Belongingness Predict Belief in Conspiracy Theories. *European Journal of Social Psychology, 46* (3), 267–279. https://doi.org/10.1002/ejsp.2157

van Prooijen, J.-W., & Douglas, K. M. (2017). Conspiracy Theories as Part of History: The Role of Societal Crisis Situations. *Memory Studies, 10* (3), 323–333. https://doi.org/10.1177/1750698017701615

Wachs, S., Schubarth, W. & Bilz, L. (2020). Hate Speech als Schulproblem? - Erziehungswissenschaftliche Perspektiven auf ein aktuelles Phänomen. In I. van Ackeren, H. Bremer, F. Kessl, H. C. Koller, N. Pfaff, C. Rotter, D. Klein &

U. Salaschek (Hrsg.), *Bewegungen: Beiträge zum 26. Kongress der Deutschen Gesellschaft für Erziehungswissenschaft* (S. 223–236). Opladen: Verlag Barbara Budrich. https://doi.org/10.2307/j.ctv10h9fjc

Wachs, S., Schubarth, W., Krause, N., Ballaschk, C., Schulze-Reichelt, F. & Bilz, L. (2021a). Hate Speech als Herausforderung für Schule und Lehrkräftebildung. In S. Wachs, B. Koch-Priewe & A. Zick (Hrsg.), *Hate Speech – Multidisziplinäre Analysen und Handlungsoptionen –Theoretische und empirische Annäherungen an ein interdisziplinäres Phänomen* (S. 279–298). Wiesbaden: Springer VS.

Wachs, S., Koch-Priewe, B., & Zick, A. (Hrsg.) (2021b). Wenn Hass redet und schädigt. Einleitung in den Sammelband. In S. Wachs, B. Koch-Priewe & A. Zick (Hrsg.), *Hate Speech – Multidisziplinäre Analysen und Handlungsoptionen –Theoretische und empirische Annäherungen an ein interdisziplinäres Phänomen* (S. 3–12). Wiesbaden: Springer VS.

Wagner, U., van Dick, R., Petzel, T. & Auernheimer, G. (2001). Der Umgang von Lehrerinnen und Lehrern mit interkulturellen Konflikten. In G. Auernheimer, R. van Dick, T. Petzel & U. Wagner (Hrsg.), *Interkulturalität im Arbeitsfeld Schule: Empirische Untersuchungen über Lehrer und Schüler* (S. 17–40). Opladen: Leske + Budrich Verlag.

WDR, Frietsch, M. & Kaufmann, S. (2020). *Verschwörungsideologien: Eine Auswahl.* planet wissen. https://www.planet-wissen.de/gesellschaft/psychologie/verschwoerungstheorien/pwietoptenderverschwoerungstheorien100.html

Weisband, M. & Röhlig, M. (2021). *Holocaust-Gedenken: Charlotte Knobloch warnt vor Antisemitismus und Schoah-Verharmlosung.* Der SPIEGEL Politik. https://www.spiegel.de/politik/deutschland/holocaust-gedenken-charlotte-knobloch-warnt-vor-antisemitismus-udn-schoa-verharmlosung-a-95b93b19-9729-4bf9-8691-24e5b0fce85c

Weiß, V. (2017). *Die autoritäre Revolte: Die Neue Rechte und der Untergang des Abendlandes* (2. Auflage). Stuttgart: Klett-Cotta.

Wetzel, J. (2012). Verschwörungstheorien. In W. Benz (Hrsg.), *Handbuch des Antisemitismus. Band 3: Begriffe, Ideologien, Theorien* (Bd. 3) (S. 334–338). Berlin: De Gruyter Saur. https://www.degruyter.com/view/title/32938

Winnicott, D. W. (1983). *Von der Kinderheilkunde zur Psychoanalyse.* Frankfurt a.M.: FISCHER Taschenbuch.

Winnicott, D. W. (1998). *Aggression. Versagen der Umwelt und antisoziale Tendenz.* Stuttgart: Klett-Cotta.

Wippermann, W. (2007). *Agenten des Bösen: Verschwörungstheorien von Luther bis heute.* Berlin: be.bra verlag.

Zuckerman, E. (2019). QAnon and the Emergence of the Unreal. *Journal of Design and Science, 6,* 1–15. https://doi.org/10.21428/7808da6b.6b8a82b9

Abbildungsverzeichnis

Abb. 1:   Verschwörungsbegriffe und deren Verwendungshäufig-
            keit (Trefferanzahl bei Google-Suche; eigene Darstellung
            [Stand: 10.06.2021])
Abb. 2:   Begriffseinordnung (eigene Darstellung, angelehnt an
            Barkun, 2006; Butter, 2018; Nocun & Lamberty, 2020)
Abb. 3:   Bestandteile einer Verschwörungserzählung (eigene
            Darstellung nach Raab et al., 2017)
Abb. 4:   Kategorisierung (eigene Darstellung, angelehnt an Wip-
            permann, 2007; Butter, 2018; Nocun & Lamberty, 2020;
            Amadeu Antonio Stiftung, 2021)
Abb. 5:   Zeitstrahl (eigene Darstellung, angelehnt an Mohr et al.,
            2015)
Abb. 6:   Konzept des produktiv realitätsverarbeitenden Subjekts
            (eigene Darstellung, angelehnt an Hurrelmann, 2012)
Abb. 7:   Die Struktur sozialisationsrelevanter Organisationen und
            Systeme (eigene, aktualisierte Darstellung, angelehnt an
            Hurrelmann, 2012)
Abb. 8:   Glaubwürdigkeit und Kontakt gegenüber Falschaussa-
            gen in Zusammenhang mit der Pandemie (Vodafone
            Stiftung Deutschland, Paus & Börsch-Supan, 2020)
Abb. 9:   Unsicherheit über den Wahrheitsgehalt von Falschaus-
            sagen in Zusammenhang mit der Corona-Pandemie nach
            Bildungshintergrund (Vodafone Stiftung Deutschland,
            Paus & Börsch-Supan, 2020)
Abb. 10:   Verschwörungsideologien im Kontext (angelehnt an
            May & Heinrich, 2020)
Abb. 11:   Persönlichkeitsentwicklung im »Vulkan der Verschwö-
            rungsmythen« (eigene Darstellung)
Abb. 12:   Modell eines Handlungsmusters (Heitmeyer et al., 2020,
            S. 227)

Abb. 13:	Slogan der QAnon-Bewegung als Graffiti in Berlin (eigene Aufnahme)
Abb. 14:	Einordnung von Verschwörungserzählungen (Amadeu Antonio Stiftung, 2015)
Abb. 15:	FakeLess-Logo
Abb. 16:	FakeLess-Konzeptaufbau (eigene Darstellung)
Abb. 17:	MS FakeLess (eigene Darstellung, angelehnt an Klafki in Jank & Meyer, 2002)
Abb. 18:	Sensibilisierungsfragen
Abb. 19:	Antizipierte Umfrageergebnisse
Abb. 20-22:	Fallbeispiele A, B und C
Abb. 23:	Selbsttest Auswertung
Abb. 24:	Ziele der Fortbildung
Abb. 25:	Unterrichtsplanung
Abb. 26:	Abb. 27: Integrationsmöglichkeiten nach Fächern (Auszug)
Abb. 27:	Handlungsebenen (Auszug, eigene Hervorhebungen, angelehnt an Fend, 2007, S. 36 f.)
Abb. 28:	Digitale Nachrichten- und Informationskompetenz (Stiftung Neue Verantwortung, Meßmer et al., 2021)
Abb. 29:	Digitale Nachrichten- und Informationskompetenz (Stiftung Neue Verantwortung, Meßmer et al., 2021)
Abb. 30:	Fünf-Phasen-Modell des prosozialen Verhaltens (Latané & Darley, 1970)